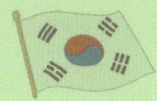

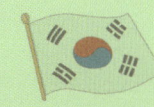

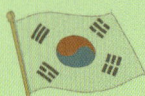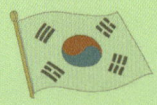

국경일에 숨은 우리나라 역사 이야기

국경일에 숨은
우리나라 역사 이야기

지은이 조혜영(새록맘)
감수 김정인
그린이 홍화정
펴낸이 정규도
펴낸곳 (주)다락원

초판 1쇄 발행 2025년 5월 12일

편집 박소영
디자인 호기심고양이

다락원 경기도 파주시 문발로 211
내용문의 (02)736-2031(내선 275)
구입문의 (02)736-2031(내선 250~252)
Fax (02)732-2037
출판등록 1977년 9월 16일 제406-2008-000007호

Copyright ⓒ2025, 조혜영(새록맘)

저자 및 출판사의 허락 없이 이 책의 일부 또는 전부를 무단 복제·전재·발췌할 수 없습니다.
구입 후 철회는 회사 내규에 부합하는 경우에 가능하므로 구입문의처에 문의하시기 바랍니다.
분실·파손 등에 따른 소비자 피해에 대해서는 공정거래위원회에서 고시한 소비자 분쟁 해결 기준에 따라 보상 가능합니다.
잘못된 책은 바꿔 드립니다.

ISBN 978-89-277-4819-9 73910

http://www.darakwon.co.kr
다락원 홈페이지를 통해 인터넷 주문을 하시면 자세한 정보와 함께 다양한 혜택을 받으실 수 있습니다.

사진 제공
16쪽 유관순 ⓒ위키백과 | 서대문 형무소 역사관 ⓒ셔터스톡
26쪽 이승만 ⓒ위키피디아 | 국회 의사당 ⓒ셔터스톡
36쪽 김구 ⓒ위키피디아 | 백범일지 ⓒ국립공주박물관, e뮤지엄 | 국립대한민국 임시정부기념관 ⓒ국립대한민국임시정부기념관
46쪽 강화 참성단 ⓒ국가유산청
53쪽 용비어천가 ⓒ위키백과 | 훈민정음 해례본 ⓒ미드나잇 인 센트(https://blog.naver.com/silver7654/223736693926)
56쪽 주시경 ⓒ위키백과 | 국립 한글 박물관 ⓒ셔터스톡
64쪽 국립 서울 현충원 ⓒ셔터스톡

우리가 꼭 기억해야 할 국경일

국경일에 숨은 우리나라 역사 이야기

조혜영(새록맘) 글
김정인 감수
홍화정 그림

다락원

머리말

아이가 자라면서 매년 국경일마다 함께 이야기를 나누었지만 시간이 지나면 잘 기억하지 못하는 모습을 보며 어떻게 하면 국경일 의미를 효과적으로 기억에 남길까 방법을 고민하게 되었어요. 홈스쿨 카페를 운영하며 국경일마다 아이들과 함께 학습 자료를 나누다 보니 국경일만 잘 기억해도 역사 공부를 재미있게 시작할 수 있겠다는 생각이 들었어요.

우리나라에는 다섯 개의 국경일이 있어요. 삼일절은 일제 강점기와 깊은 관련이 있고, 제헌절은 광복 이후 대한민국 초기 역사와 연결됩니다. 광복절은 제2차 세계 대전과 강대국들 속에서 우리 역사를 엿볼 수 있는 계기가 되며, 개천절은 우리 민족의 시작을 알리는 중요한 날이에요. 한글날은 세종 대왕의 한글 창제로 이어져 우리에게 큰 자부심을 안겨 줍니다. 이처럼 국경일의 배경을 이해하면 아이들에게는 재미있고 의미 있는 역사 공부가 될 거예요.

이 책은 5대 국경일과 현충일의 이야기를 아이들이 쉽게 이해하도록 구성하였습니다. 또한 국경일에 관련된 다양한 활동 자료(미니북)를 수록하여 아이들이 직접 완성해 보며 역사에 한 걸음 더 다가갈 수 있도록 했습니다.

국경일을 단순히 쉬는 날이 아니라 우리나라 역사와 문화를 배우고, 나아가 자신의 역할과 미래를 생각하는 계기가 되었으면 합니다.

이제 아이들과 함께 우리나라 역사의 첫걸음을 내디뎌 보아요.

조혜영(새록맘)

차례

머리말 4
국경일과 법정 기념일 6

우리나라 5대 국경일

3월 1일 삼일절 소리 높여 외친 날 7
인물 탐구 ✧ 유관순 | 역사 여행: 서대문 형무소 역사관

7월 17일 제헌절 헌법이 탄생한 날 17
인물 탐구 ✧ 이승만 | 역사 여행: 국회 의사당

8월 15일 광복절 빛을 다시 찾은 날 27
인물 탐구 ✧ 백범 김구 | 역사 여행: 국립대한민국 임시정부기념관

10월 3일 개천절 하늘이 열린 날 37
인물 탐구 ✧ 단군왕검 | 역사 여행: 강화 참성단

10월 9일 한글날 한글의 탄생을 축하하는 날 47
인물 탐구 ✧ 주시경 | 역사 여행: 국립 한글 박물관

법정 기념일

6월 6일 현충일 숭고한 정신을 추모하는 날 57
인물 탐구 ✧ 유엔군 | 역사 여행: 국립 서울 현충원

부록 국경일과 법정 기념일 미니북 만들기

국경일과 법정 기념일

달력을 보면 특별한 날을 기념하는 날들이 있어요. 어떤 날은 공휴일이지만 공휴일이 아닌 날도 있지요. 여기서 현충일을 국경일로 잘못 알고 있을 수 있는데요. 현충일은 국경일이 아닌 법정 기념일이랍니다.

국경일과 법정 기념일 모두 비슷한 것 같은데 어떤 차이가 있을까요?

국경일은 나라의 경사스러운 날을 기념하고 축하하는 날이에요. 모든 국민이 함께 기념해야 하는 날로 나라에서 법률로 지정한 날이에요. 우리나라 5대 국경일은 삼일절(3월 1일), 제헌절(7월 17일), 광복절(8월 15일), 개천절(10월 3일), 한글날(10월 9일)이에요. 국경일에는 국기를 달고 우리의 역사와 문화를 되새기며 나라의 소중함을 깨달아요.

법정 기념일(국가 기념일)은 특정한 사건이나 인물을 기념하고 그 의미를 전하기 위해 나라에서 지정한 날이에요. 대표적으로 어린이날(5월 5일), 현충일(6월 6일), 스승의 날(5월 15일), 식목일(4월 5일) 등이 있어요.

이처럼 국경일은 나라의 역사적 사건을 중심으로 한 중요한 날들이고, 법정 기념일은 특별한 가치와 사건을 기념하는 날이라고 할 수 있어요. 우리는 기념일을 통해 우리나라의 역사와 함께 주변의 소중한 가치를 기억할 수 있어요.

민들레 홀씨처럼 자유롭게

"우와, 찾았다!"

'후~' 하고 불면 날아가는 민들레 홀씨. 새록이는 봄만 되면 민들레 홀씨를 찾아다니는데 올해 첫 홀씨를 찾았어요.

"첫 번째 홀씨야, 자유롭게 훨훨 날아가렴. 후~, 어, 어…."

갑자기 바람 소리가 세차게 불더니 새록이도 홀씨와 함께 날아가기 시작했어요. 곧 눈을 떠 보니 처음 보는 풍경 속에 사람들이 가득했어요. 그리고 정신을 차릴 틈도 없이 낯선 소녀는 새록이 손에 무언가 쑥 들이밀고 사람들 속으로 사라졌어요.

"어…? 태극기잖아?"

시간이 지날수록 사람들은 더 모여들었고, 사람들의 얼굴에는 긴장감이 가득했어요. 오후 2시가 되자 사람들은 다 같이 큰 소리로 외치기 시작했어요.

"대한 독립 만세! 대한 독립 만세! 대한 독립 만세!"

"엇, 정신을 좀 차려보자. 지금 태극기를 들고 만세 운동을 한다고? 그러면 오늘은 삼일절이고, 여기는 종로?"

새록이가 조그만 목소리로 중얼거리고 있던 그때였어요. 총칼로 무장한 일본 경찰과 군인들이 사람들을 둘러싸기 시작했고, 만세를 부르는 사람들의 소리는 흩어지기 시작했어요.

"계속 외쳐야 해요. 물러서면 안 돼요. 대한 독립 만세!"

아까 태극기를 줬던 그 소녀가 떨리는 목소리로 외쳤어요. 사람들은 일본 경찰의 총칼이 무서웠지만 다 함께 팔짱을 끼고 목소리를 높여 외치기 시작했어요.

"대한 독립 만세! 대한 독립 만세!"

일본 경찰은 사람들을 제압했고, 사람들은 여기저기 흩어져 도망쳤어요. 새록이도 우왕좌왕하는 사이 아까 그 소녀가 새록이의 손을 잡고 뛰었어요.

"우리 아까 봤지? 난 유관순이야. 넌 이름이 뭐야?"

"난 새록이야."

"새록아, 저기에 담장 보이지? 저 뒤로 힘껏 달려. 알았지?"

새록이는 무서움에 두 눈을 질끈 감고 관순이가 말한 담장을 향해 달려갔어요. 그러다가 그만 돌부리에 걸려 넘어졌어요.

새록이가 정신을 차려보니 집 앞 놀이터였어요. 넘어질 때 다쳤는지 무릎에서는 피가 나고 있었어요.

'관순이는 괜찮을까? 도망가던 사람들은 무사할까…?'

새록이는 무릎이 아픈 것도 잊고, 관순이를 떠올리며 자기도 모르게 눈물을 뚝뚝 흘렸어요.

삼일절, 따뜻한 봄을 기대하며

　추운 겨울이 지나고 따뜻한 봄이 시작되면 가장 먼저 맞이하는 국경일, 바로 삼일절이에요. 방송에서는 이른 오전부터 삼일절을 기념하는 다양한 행사도 보여 주고, 독립 만세 운동을 재현하는 모습도 볼 수 있어요.

　삼일절이 중요한 날이라고 들은 것 같은데 정확하게 어떤 날인지 알고 있나요? 또 전국에서 일어난 독립 만세 운동은 어떻게 시작하게 된 걸까요?

　삼일절은 1919년 3월 1일, 일본으로부터 빼앗긴 우리나라를 되찾기 위해 전국에서 독립 만세 운동을 한 것을 기념하는 날이에요. 일본의 지배에 맞서 전 세계에 한국의 독립을 선언한 날로 최대 규모의 민족 운동이기도 해요.

　지금부터 삼일절, 그날의 기억 속 이야기를 들어 봐요.

나라를 빼앗긴 분노, 독립을 향한 발걸음

일본의 식민 지배 아래에서 우리 민족은 극심한 고통을 겪어야 했어요. 일본은 우리의 사상과 문화를 억압하고, 노동력과 경제 자원을 강제로 착취하며 우리의 자주성을 빼앗았어요. 하지만 일본의 억압이 심해질수록 우리 민족의 저항과 독립에 대한 의지도 더욱 강해졌어요. 나라를 되찾아야 한다는 열망과 독립을 향한 뜨거운 마음은 우리 민족의 가슴속 깊은 곳에서 불타오르고 있었답니다.

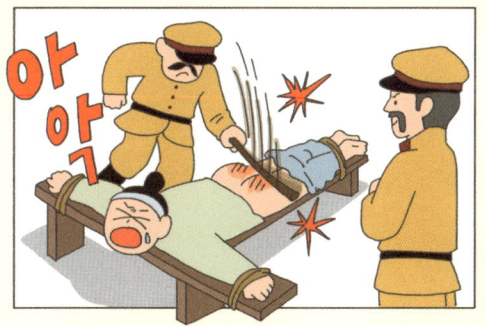

3월 1일 • 삼일절

한걸음 더 역사 속으로

꿈틀거리는 대규모 시위 준비

1918년 제1차 세계 대전이 끝난 후 미국의 윌슨 대통령은 '민족 자결주의'를 발표했어요. 이 원칙은 각 민족이 스스로 독립 문제를 결정해야 한다는 내용으로 당시 식민 지배를 받던 여러 국가에 영향을 주었어요. 그리고 1919년에는 조선의 마지막 왕인 고종 황제가 갑작스럽게 세상을 떠나게 됩니다. 이러한 상황 속에 일본에서 유학 중이던 조선 학생들은 민족 자결주의 원칙에 큰 영향을 받아 '조선 청년 독립단'을 조직했어요. 그리고 1919년 2월 8일, 이들은 '독립 선언서'를 낭독하며 조선의 독립을 강하게 요구했어요. 그러나 곧 일본 경찰에 체포되었고, 이 소식은 국내 독립운동가에게 전해지며 독립운동을 본격적으로 준비하는 계기가 되었어요.

모든 민족은 독립 문제를 스스로 결정할 권리가 있습니다.

작전 개시, 대한 독립 만세!

　국내에서는 종교 지도자를 중심으로 독립운동 준비가 시작되었어요. 그들은 '민족 대표 33인'의 이름으로 독립 선언서를 작성했어요. 그리고 민족 대표들의 주도 아래 본격적으로 독립 만세 운동이 시작되었어요.

　1919년 3월 1일 작전 개시. 민족 대표들은 종로의 태화관에서 독립 선언서를 낭독했어요. 낭독이 끝나자 민족 대표들은 일본 경찰들에게 체포되었어요.

　같은 시각 탑골 공원에서는 학생들과 시민이 거리로 나와 모두 한마음으로 독립을 꿈꾸며 대한 독립 만세를 외쳤어요. 그렇게 만세 운동은 전국으로 확대되면서 몇 개월 더 이어졌고 중국, 미국, 일본 등 해외에서도 만세 운동이 펼쳐졌어요.

삼일절, 간절한 함성을 기억하며

3·1 운동의 규모는 점점 더 확대되었고, 전국은 독립 만세를 외치는 시민들의 함성으로 가득 찼어요. 3·1 운동은 우리 민족의 독립에 대한 간절한 염원을 담은 비폭력 평화 운동이었어요. 하지만 일본 경찰들은 무력으로 우리 민족을 진압했고, 많은 사람이 다치고 목숨을 잃었어요.

1919년 3월 1일은 온 민족이 한목소리로 독립을 외치며 우리나라의 독립을 한 걸음 더 앞당길 수 있게 한 중요한 날이에요. 우리는 희생된 분들의 민족정신과 역사를 꼭 기억해야 해요.

독립운동 역사를 흔든 3·1 만세 운동

3·1 운동은 독립을 향한 대규모 민족 운동으로 우리의 강한 독립 의지를 확인할 수 있었어요. 또 전 세계에도 우리 민족이 얼마나 독립을 원하고 있는지 강력한 의지를 보여 준 중요한 사건으로 이후 한국의 역사에 많은 영향을 주었어요.

대한민국 임시 정부의 수립

3·1 운동으로 독립운동가들은 더 체계적인 독립운동의 필요성을 느꼈고, 1919년 4월 11일 중국 상하이에 대한민국 임시 정부를 수립하게 되었어요.

독립운동의 본격화

3·1 운동 이후 무장* 투쟁의 필요성이 높아지면서 만주와 연해주 지역에서 독립군이 활발히 조직되었어요. 이후 봉오동 전투와 청산리 대첩 등 한국 독립군은 일본군을 상대로 큰 승리를 거두었어요.

* 무장: 전투를 위해 필요한 장비를 갖추는 것

유관순 열사

  3·1 운동에 빼놓지 않고 등장하는 인물, 바로 유관순 열사예요. 3·1 운동이 진행되던 1919년, 유관순 열사는 17세의 어린 소녀였어요.

  3·1 만세 운동이 일어나고 학생들도 적극적으로 시위에 앞장서자 일본은 강제로 학교 휴교령을 내렸어요. 유관순 열사는 고향(천안)으로 내려오게 되었고, 천안 아우내 장터에서 태극기를 나눠 주며 만세 시위를 적극적으로 주도했어요. 유관순 열사는 일본군에게 체포되어 온갖 고문을 당하면서도 대한 독립 만세를 외쳤어요.

  유관순 열사는 어린 나이임에도 굴하지 않고 당당하게 맞서는 독립운동가로 기억되고 있어요.

함께 떠나요! 역사 여행

서대문 형무소 역사관

일본에 의해 만들어진 감옥으로 일제 강점기의 아픈 역사가 그대로 남아 있어요. 우리나라의 많은 독립운동가들이 고문을 받고 처형당한 곳으로 그 당시 고문 현장과 감옥, 독립운동가와 관련된 유물 등을 볼 수 있어요. 곳곳을 둘러보며 우리나라의 자유와 독립을 위해 항거했던 독립운동가들의 희생과 민족정신을 배울 수 있어요.

헌법이 탄생한 날

7월 17일 제헌절

그런 법이 어딨어!

오늘은 놀이공원으로 체험 학습을 가는 날. 회전목마가 천천히 돌아가고 있고, 신나는 바이킹은 하늘 높은 줄 모르고 높이 치솟고 있어요. 도착하자마자 새록이는 제일 먼저 바이킹을 향해 달려갔어요. 내려갈 때 짜릿함이 가득한 바이킹은 새록이가 가장 좋아하는 놀이기구거든요.

"야, 이번에는 내가 탈 차례야. 넌 다시 줄을 서야지!"

"나 얼마 못 탔단 말이야. 너무 짧아. 다시 탈 거야!"

도착해 보니 같은 반 친구 준서와 은호가 얼굴이 시뻘게진 채로 씩씩거리며 서로 바라보고 있었어요. 새록이가 물었어요.

"준서야, 왜 그래? 무슨 일이야?"

"이번에 내가 탈 차례인데 은호가 안 내리잖아! 은호 너 빨리 내리란 말이야! 다시 타고 싶으면 줄을 서. 이번엔 내 차례야!"

준서가 씩씩거리면서 은호의 팔을 세차게 당겼어요. 하지만 은호도 물러서지 않고 소리치며 말했어요.

"싫어! 그리고 줄을 또 서야 한다는 법이 어딨어! 여기 적혀 있지도 않잖아!"

다툼이 커지면서 결국 선생님까지 오셨고, 선생님은 준서와 은호의 손을 잡고 근처 벤치에 가서 두 친구를 다독이며 말씀하셨어요.

"자, 우리 잠깐 쉴 겸 이야기 좀 나눠 볼까? 준서랑 은호는 법이 뭐라고 생각하니?"

준서와 은호는 서로 뾰로통한 표정을 짓고서 머뭇거렸어요. 단어는 쉬운데 뭐라고 해야 할지 말문이 막혀버렸지요.

"'법'은 다 같이 지키기 위해 만들어 놓은 규칙이야. 규칙을 만들 때 모두 다 그 규칙이 맘에 드는 건 아닐 거야. 지키기 싫은 규칙도 있겠지. 하지만 내 맘에 들지 않는다고 누군가는 규칙을 지키지 않고, 또 규칙을 지키지 않는다고 서로 비난만 한다면 이 세상은 어떻게 될까?"

선생님의 말씀에 준서와 은호는 고개를 푹 숙였어요.

"함께 정한 규칙을 서로가 잘 지키려고 노력한다면 더 따뜻하고 행복한 세상이 되지 않을까?"

선생님과 이야기를 나눈 후 준서와 은호는 큰 소리로 대답하며 언제 싸웠냐는 듯 손을 잡고 회전목마를 향해 달려갔어요.

그날의 문 두드리기

꼭 지켜야 할 법칙을 발표한 날, 제헌절

저마다 생각이 다른 사람들이 서로 자기주장만 내세우며 마음대로 살아간다면 어떻게 될까요? 자기의 욕심만 채우려다 서로 다투고 사회는 엉망진창이 되겠지요. 모든 사람이 함께 평화롭게 살아가기 위해서는 약속과 규칙이 필요한데요. 강제성을 가지고 꼭 지켜야 할 규칙을 '법'이라고 해요.

7월 17일, 무더위가 한창 무르익을 때면 법과 관련된 날이라고 알고 있는 국경일, 제헌절이 돌아와요. 여기에서 '제헌'은 무슨 뜻일까요? '지을 제(制)'와 '법 헌(憲)'으로, '법을 만든다'라는 뜻이에요. 대한민국의 헌법을 처음으로 발표하고 이를 기념하는 날이 바로 제헌절이랍니다.

헌법은 무슨 내용이며 왜 필요할까요? 또 7월 17일을 제헌절로 정한 이유는 무엇일까요? 제헌절에 대한 궁금증을 하나씩 해결해 봐요.

독립 후 혼란한 상황 속의 대한민국

1945년 8월 15일, 일본의 항복과 함께 우리나라는 오랜 식민 통치에서 벗어날 수 있었어요. 하지만 광복 직후 우리나라는 아직 독립된 국가로 자리 잡지 못하고 북위 38도선을 경계로 북쪽은 소련, 남쪽은 미국의 통치와 간섭을 받으며 분단국가가 되었어요.

다른 나라의 간섭을 받지 않는 제대로 된 국가를 만들기 위해서는 국가의 기본이 되는 헌법이 필요했어요. 하지만 헌법을 만드는 것은 간단한 일이 아니었어요. 헌법을 만들기 위해서는 먼저 국민을 대표할 수 있는 국회 의원 선출이 시급했거든요. 이러한 상황 속에서 미국과 소련, 남한과 북한은 서로 대립하며 의견을 모으지 못하고 있었어요.

대한민국 역사상 첫 번째 선거를 실시하다

통일된 하나의 정부를 수립하기 위한 논의는 계속되었어요. 미국과 소련의 주도로 회의도 여러 번 개최했지만, 서로의 의견 차이를 좁히지 못하고 시간만 흐르고 있었지요. 결국 북한과 소련은 단일 정부 수립을 위한 총선거를 반대했고, 1948년 5월 10일 남한만의 총선거를 실시했어요. 이 선거는 대한민국 최초의 민주적 선거로 국민의 참여와 관심이 정말 뜨거웠어요.

남한만의 총선거로 198명의 국회 의원이 선출되어 최초의 국회를 구성했어요. 그리고 이 국회에서 헌법을 만들었기 때문에 '제헌 국회'라고 부르기도 해요.

○ 7월 17일 제헌절 ○

첫 번째 국회에서 헌법의 탄생까지

5월 10일 총선거를 통해 제헌 국회가 만들어졌고, 제헌 국회에서는 이승만을 초대 국회 의장으로 선출했어요. 그리고 법학자인 유진오 박사가 중심이 되어 법을 잘 아는 전문가들과 함께 헌법의 기초를 만들기 시작했어요.

1948년 7월 12일, 만든 헌법이 국회에 통과되면서 헌법이 제정되었어요. 그리고 같은 해 7월 17일, 이승만 국회 의장이 대한민국 헌법을 국민에게 알리면서 이날을 헌법을 만든 날로 기념하고 있어요.

7월 17일 • 제헌절

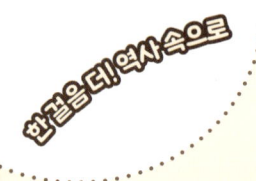
한걸음 더 역사 속으로

헌법은 법 중의 최고의 법

'대한민국은 민주 공화국이다. 대한민국의 주권은 국민에게 있고, 모든 권력은 국민으로부터 나온다.' 대한민국 헌법 제1조의 내용이에요. 대한민국 국민 모두가 나라의 주인이며 국가의 중요한 일을 결정할 수 있는 권리가 있음을 나타내고 있어요. 이 말은 국민이 직접 정치를 한다는 것이 아니라 선거와 투표 등을 통해 국민이 정치에 참여한다는 의미예요.

헌법은 국가를 통치하기 위한 가장 기본이 되는 법으로 대한민국의 통치 구조, 국민의 자유와 권리 보호, 국민이 지켜야 할 의무, 사회 질서 유지 등에 대한 사항을 법률로 규정하고 있어요.

7월 17일이 제헌절이 된 이유는?

1948년 7월 12일, 대한민국의 첫 헌법이 제정되었고, 7월 17일에 이승만 국회 의장이 헌법을 공포*했어요. 그런데 왜 7월 17일에 헌법을 공포하고 이날을 기념하여 제헌절로 정했을까요?

그 이유는 바로 조선 왕조의 건국일이 7월 17일이기 때문이라고 해요. 이는 대한민국이 조선 왕조와 역사적으로 연결되어 있음을 의미하고 있어요.

제헌절은 대한민국이 최초의 헌법을 발표하고, 자유 민주주의 국가로 새롭게 출발한 날을 기념하는 국경일이에요. 제헌절의 소중한 의미를 되새기며 태극기를 게양하는 것도 잊지 말아요.

* 공포: 대중에게 널리 알리는 것

인물 탐구

이승만 대통령

　대한민국의 첫 번째 국회 의장이자 최초의 대통령이에요. 주로 미국에서 외교 활동을 하며 독립운동에 참여했어요.
　1948년 대한민국 초대 정부가 수립되면서 우리나라 1대 대통령이 되었고, 대한민국의 초기 정치와 국가의 발전에 큰 공헌을 했어요. 하지만 민주주의 원칙을 지키지 않고 권위적인 통치로 인해 학생과 시민의 저항을 불러일으켰고, 결국 대통령직에서 물러나게 되었어요.

함께 떠나요! 역사 여행

국회 의사당

　서울 여의도에 가면 멀리에서도 푸른색의 돔 모양 지붕이 돋보이는 건축물로 이곳에서 국회의 업무가 이루어져요. 국회의 의원들은 이곳에 모여 회의와 토론을 하고, 가장 중요한 업무인 법을 만드는 일을 해요. 그래서 이곳을 '입법 기관'이라고 한답니다.
　대한민국 국회 홈페이지를 통해 미리 예약을 하면 본 회의장과 국회 체험관, 어린이 박물관 등을 참관할 수 있고, 다양한 자료를 보며 해설도 들을 수 있어요.

오늘은 빨간날

"새록아, 오늘 점심 뭐 먹을까? 우리 마트 갔다 올까?"

"먹고 싶은 것 없어요…."

"왜 먹고 싶은 게 없지? 우리 공주님이 왜 심통이 났을까?"

엄마는 마치 내가 왜 심통이 났는지 다 아시는 것처럼 싱긋 웃으셨어요.

"우리는 왜 아무 데도 안 가요?"

"새록이가 여행을 가고 싶었구나!"

"형주도 강원도로 여행갔고요. 태서도 워터 파크에 놀러 간대요. 휴일에 아무 데도 안 가는 집은 우리 집뿐이에요."

오늘은 8월 15일. 달력에 빨간색으로 표시된 공휴일이에요.

워터 파크도 가고 싶고, 놀이동산도 가고 싶고, 여기 저기 가고 싶은 곳이 정말 많은데 왜 우리 집은 아무 데도 가지 않고 그냥 집에서 시간을 보내는 건지 새록이는 심통이 난 얼굴로 누워 있었어요.

"새록아, 엄마랑 같이 달력을 한번 봐 볼까?"

엄마는 새록이에게 8월 15일에 붉은색으로 표시된 달력을 보이며 말씀하셨어요. 8월 15일이 그냥 쉬는 날이 아니라 뜻깊은 날이라는 것을 알려 주고 싶으셨던 거예요.

"8월은 모두 31일인데, 그중에서 왜 15일에만 빨간색으로 표시가 되어 있을까?"

"에이~ 엄마, 제가 그것도 모를까 봐요? 광복절이잖아요."

"맞아. 그런데 새록이는 광복절이 무슨 뜻인지 아니?"

엄마의 질문에 새록이는 '광복'의 의미가 궁금해졌어요. 그리고 광복에 담긴 의미도 잘 모르면서 놀러 가고 싶다고 괜히 심통만 부린 자신이 부끄러워졌어요.

광복, 두 글자의 의미

 여름 햇살이 유달리 뜨거운 8월이 되면 우리나라 역사에서 가장 뜻깊은 날이 찾아옵니다. 바로 광복절이에요.

 광복은 '빛 광(光)', '회복할 복(復)'으로 '빛을 회복했다'라는 뜻이에요. 만약 세상의 모든 빛을 잃어버린다면 앞을 전혀 볼 수가 없겠지요. 깜깜하고, 답답하고, 정말 무서운 기분이 들 거예요.

 우리나라가 빛을 다시 찾았다는 것은 빛을 잃어버린 사건이 있었다는 것이겠지요? 왜 그런 무서운 일이 생겼는지, 또 어떻게 빛을 다시 찾을 수 있었는지 그날의 역사 속으로 함께 들어가 봐요.

빛을 잃어버리다

1910년 우리나라는 일본에게 나라를 강제로 빼앗기고 국가의 주권을 잃게 되었어요. 그리고 일본의 식민지로 살며 많은 고통과 슬픔으로 가득 찬 아픔의 시간을 보냈지요. 1910년부터 1945년 광복이 되기까지 35년간의 시기를 '일제 강점기'라고 해요.

일본은 최고 기관인 조선 총독부를 설치하여 우리나라의 행정, 사법, 군사, 경제 등 모든 분야를 강압적으로 통제하기 시작했어요. 총칼을 찬 일본 경찰이 우리 민족을 감시하기도 하고, 한국인이라는 이유만으로 차별을 받기도 했어요. 또 우리말과 글을 사용하지 못하게 했으며 일본이 전쟁을 할 때에는 물자를 빼앗고, 사람도 강제로 끌고 갔어요.

힘의 지배를 이겨낸 빛, 독립을 외치다

　일본의 탄압 속에서 우리나라도 가만히 당하고 있었던 것은 아니었어요. 우리 민족도 일본에 맞서 싸우며 빼앗긴 나라를 되찾기 위해 노력했어요.

　1919년 3월 1일에 만세 운동이 일어나고, 국내외에서는 독립군들이 나라의 독립을 위해 투쟁했어요. 또 비밀 결사 단체*를 만들고 목숨을 바쳐 일본에 맞서는 등 나라를 되찾기 위한 노력이 곳곳에서 일어났어요.

* 비밀 결사 단체: 어떤 목적이나 뜻을 이루기 위해 비밀리에 조직된 단체

일본이 항복을 선언하다

일본은 더 큰 야망을 품고 1937년 중국을 침략하며 중일 전쟁을 일으켰어요. 이후에는 독일, 이탈리아, 일본을 중심으로 한 추축국과 영국, 프랑스, 미국, 소련, 중국 등으로 이루어진 연합국 사이에 전쟁이 일어났는데요. 1939년부터 1945년까지 일어난 이 전쟁을 '제2차 세계 대전'이라고 해요.

1941년 일본은 미국 하와이의 진주만을 공격하여 '태평양 전쟁'도 일으키게 됩니다. 하지만 결국 이 전쟁들로 인해 일본은 큰 타격을 입고, 1945년에 무조건적 항복을 선언하면서 제2차 세계 대전은 연합국의 승리로 끝났어요.

일본의 패망으로 우리나라는 마침내 식민지에서 벗어나 독립을 맞이하게 되었어요.

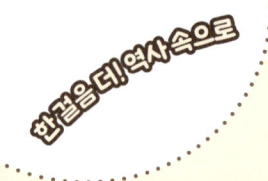

다시 찾은 빛, 광복

"대한 독립 만세! 대한 독립 만세!"

일본이 세계 대전에서 항복하면서 1945년 8월 15일 우리나라는 35년 만에 광복을 맞이했어요. 모두가 그토록 바라던 날이었지요. 라디오 방송에서는 일본 국왕이 항복을 선언하는 목소리가 흘러나왔어요.

35년간의 일제 강점기 속에서도 끊임없이 독립을 위해 투쟁했던 정신으로 우리는 눈부신 성장과 지금의 대한민국을 이루었어요. 어려움 속에서도 포기하지 않았던 민족의 정신을 우리는 꼭 기억해야 해요.

광복, 그 이후

우리나라는 바라고 바라던 광복을 맞이했지만 나라의 모습도 갖추지 못하고 혼란스러운 상황이었어요. 그리고 세계 대전에서 승리한 미국과 소련은 한반도의 정치를 간섭하기 시작했어요. 북위 38도선을 기준으로 소련은 북한에, 미국은 남한에 각각 군사 정부를 세워 통치하기로 한 것이지요. 일본이 물러갔지만 우리나라는 사실상 강대국의 힘겨루기 속에서 제대로 된 독립을 맞이하지 못했어요. 이러한 상황 속에 1948년 8월 15일, 대한민국의 첫 번째 정부가 수립됩니다.

우리가 광복절이라고 부르는 8월 15일에는 두 가지 의미가 있어요. 1945년 8월 15일은 일본으로부터 독립이 된 날이고, 1948년 8월 15일은 대한민국 정부가 수립된 날이에요.

인물 탐구

독립운동가 백범 김구

김구 선생은 빼앗긴 나라를 되찾기 위해 수많은 독립운동을 이끈 지도자예요. 일본의 잔혹한 고문에도 자주독립에 대한 굳은 신념을 가지고 대한민국 임시 정부를 지키며 중요한 역할을 했어요. 비밀 결사 단체 '한인 애국단'을 만들었고, 조직의 중심이 되어 이봉창, 윤봉길 등 단원들과 함께 일본에 맞서 독립운동을 펼쳤어요.

일평생을 바쳐 나라의 자유와 독립을 위해 끊임없는 노력을 했던 김구 선생의 민족정신을 되새기고 기억해야 해요.

『백범일지』는 김구 선생이 독립운동을 할 때 기록했던 자서전이에요!

함께 떠나요! 역사 여행

국립대한민국 임시정부기념관

일제 강점기의 아픔 속 희망이 되었던 대한민국 임시 정부의 역사를 기억하기 위한 기념관이에요. 국가 이름과 연호, 헌법과 태극기 등 국가 상징물에 대한 설명과 자료들을 살펴볼 수 있고, 체험 프로그램도 운영하고 있어요.

기념관 바로 옆에 있는 서대문 형무소 역사관도 함께 둘러보며 독립운동가의 나라 사랑 정신과 역사의 숨결을 느껴 보아요.

하늘이 열린 날

10월 3일
개천절

우리나라 단군 이야기, 건국 신화

 선선한 바람이 불어오는 10월의 어느 날 교실 창밖으로는 노랗고 붉게 물든 단풍잎들이 바람에 흩날리며 가을의 정취를 더하고 있었어요.

 "우리나라의 건국 신화를 들어 본 적 있나요? 오늘은 재미있는 건국 신화를 소개할게요."

 선생님께서 이야기 주제를 소개하자 반 친구들은 모두 눈을 반짝이며 이야기가 시작하기를 기다렸어요.

 "아주 오래전 환인이라는 하늘을 다스리는 왕이 있었어요. 환인에게는 환웅이라는 아들이 있었는데, 환웅은 인간 세상에 내려가 사람들을 돕고 싶어 했지요."

 새록이는 환웅이라는 이름이 신비하게 들려 눈을 크게 뜨고 이야기에 집중했어요.

 "환웅은 하늘에서 내려와 신단수라는 큰 나무 아래에서 사람들을 다스리며 세상을 평화롭게 만들기 시작했어요. 그러던 어느 날 호랑이와 곰이 환웅을 찾아와 인간이 되고 싶다며 방법을 알려 달라고 했어요."

"그래서 환웅은 호랑이와 곰에게 쑥과 마늘을 주며 동굴에서 100일 동안 이것만 먹고 견디면 인간이 될 수 있다고 했지요. 결과는 어떻게 되었을까요?"

친구들이 웅성웅성하고 있을 때 선생님의 이야기는 계속되었어요.

"결국 호랑이는 참지 못해서 도망갔고, 곰은 끝까지 버텨서 인간이 되었답니다."

그때 새록이가 손을 번쩍 들고 질문했어요.

"선생님, 사람이 된 곰은 나중에 어떻게 되었어요?"

"곰은 인간이 되어 '웅녀'라는 이름을 가지게 되었어요. 그리고 웅녀는 환웅과 결혼해서 아들을 낳았는데, 그 아들이 바로 우리나라의 첫 번째 왕, 단군왕검이에요."

새록이 옆의 한 친구가 조심스럽게 손을 들며 질문했어요.

"선생님, 그러면 이 나라가 단군 할아버지로부터 시작된 걸까요?"

선생님은 대견하다는 듯 고개를 끄덕이며 말씀하셨어요.

"맞아요. 나라마다 전해 내려오는 신화가 있어요. 우리나라의 건국 신화는 바로 단군 이야기랍니다."

이야기가 끝나고 새록이와 친구들은 끊임없는 질문을 쏟아 내면서 우리나라 역사에 대해 더 큰 관심을 갖게 되었답니다.

10월 3일 • 개천절   39

하늘이 열린 날, 개천절

하늘의 신의 아들 환웅은 하늘을 열고 인간 세상으로 내려와 웅녀와 결혼했고, 아들을 낳았어요. 그리고 환웅의 아들인 단군왕검이 우리나라 최초의 국가를 세웠는데, 이 국가가 바로 고조선이에요.

10월 3일 개천절은 '하늘이 열린 날'이라는 뜻으로 단군왕검이 우리 민족 최초의 국가 '고조선'을 세운 날을 기념하는 날이에요. 수천 년을 이어 전해 내려온 우리의 건국 신화를 기념하는 것이지요.

개천절은 우리 민족의 역사가 시작된 중요한 날이에요. 개천절을 단순히 쉬는 날로 기억하기보다는 개천절의 역사와 의미를 알고, 태극기를 달아 기념해 주세요.

한 걸음 더! 역사 속으로

개천절은 언제부터 기념하기 시작했을까?

일제 강점기에 일본은 우리 민족의 말과 글, 문화, 정신 등을 지우려 했어요. 이런 일본의 탄압에 맞서기 위해 우리 민족은 단합할 수 있는 무언가가 필요한 시기였지요. 독립운동가였던 나철은 우리 민족의 시작인 단군을 통해 그 답을 찾고자 했고, 단군을 믿는 단군교를 창시했어요. 그리고 단군이 고조선을 세운 날인 개천절을 경축일로 기념하며 매년 하늘에 제사를 지내는 의식을 가졌던 것이지요. 이후 단군교는 대종교로 이름을 바꾸었어요. 대종교 제사 의식으로 시작된 개천절 행사는 우리가 어려웠던 시기에 민족정신을 일깨워 주고, 단합할 수 있게 해 주었어요.

개천절은 처음에 음력 10월 3일을 기념일로 지내다가 광복 이후 양력 10월 3일을 국경일로 지정하여 지금까지 기념해 오고 있답니다.

건국 신화 속에 숨어 있는 재미난 상징들

고려 시대 후기 승려 일연이 쓴 『삼국유사』에는 고조선의 건국 이야기가 기록되어 있어요. 기록에 남겨진 신화를 통해 우리는 당시의 생활과 생각을 알 수 있답니다. 고조선의 건국 신화 속 여러 가지 재미있는 상징과 의미를 찾아볼까요?

왜 곰과 호랑이가 등장했을까?

단군의 건국 신화에서 곰과 호랑이의 등장은 부족을 상징한다는 해석이 많아요. 곰을 숭상하는 부족과 호랑이를 숭상하는 부족이 서로 경쟁 관계라고 하는데요. 곰만 사람이 된 것은 곰 부족이 경쟁에서 승리한 것으로 볼 수 있어요.

쑥과 마늘, 100일의 의미?

호랑이는 100일의 고통을 참지 못해서 실패했지만 곰은 인내심으로 잘 참고 버텨서 인간이 되었지요. 사람이 되기 위해 100일 동안 쑥과 마늘을 먹고 견뎌야 하는 것은 인내를 통한 성장을 의미해요. 즉 용맹함보다는 인내와 노력을 더 중요하게 생각했음을 알 수 있어요.

단군은 환웅의 아들?

환웅은 하늘에서 내려온 존재로 단군이 환웅의 아들이라는 것은 고조선이 신의 뜻을 이어받은 국가임을 상징하기도 합니다. 이것은 고조선의 건국이 하늘의 뜻을 이은 정통성을 갖고 있음을 의미해요.

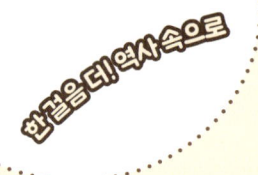

우리나라 최초의 국가, 고조선

고조선은 단군이 기원전 2333년에 건국하여 2200년 이상 존재했던 나라예요. 고조선은 청동기 문화를 바탕으로 농업 기술이 발달했고, 그 이후에는 철기 문화를 받아들이면서 점점 더 넓은 영토를 확장할 수 있었어요. 한반도 북부와 만주 일대가 고조선의 영토였답니다.

고조선에는 사회 질서를 지키기 위한 '8조법'이 있었는데요. 이 법의 내용을 통해 계급과 신분의 차이가 있었음을 알 수 있어요. 그 흔적을 살펴볼 수 있는 것이 바로 고인돌이에요. 고인돌은 당시 지배층의 무덤으로 많은 사람들이 함께 무거운 돌을 옮겨 만든 돌무덤이에요.

○10월 3일 개천절○

고조선의 건국 이념, 홍익인간

단군 신화에서 우리가 기억해야 하는 것은 바로 고조선의 건국 이념*이에요. 고조선의 건국 이념은 '홍익인간(弘益人間)'으로 '널리 인간을 이롭게 한다'는 뜻이에요. 단군왕검은 사람들 모두 행복한 삶을 살게 하고 싶은 큰 뜻을 담아 나라를 다스렸어요. 홍익인간의 정신은 지금까지 이어져 오고 있답니다.

* 건국 이념: 나라를 세우는 데 중심이 되는 정신

고조선의 첫 번째 왕, 단군왕검

우리나라 최초의 국가 고조선을 세운 인물이에요. 고조선은 기원전 2333년 청동기 시대에 세워졌으며, 군장이 부족을 다스리는 형태의 국가였어요.

단군왕검은 사람의 이름처럼 보이지만, 이름이 아니에요. '단군'은 신을 섬기며 하늘에 제사를 지내는 사람인 제사장을 뜻하고, '왕검'은 정치적 통치자를 뜻해요. 즉 종교적 지도자이자 동시에 정치적 지도자를 겸하고 있는 인물로 당시 고조선은 제정일치* 사회였음을 알 수 있어요.

✱ 제정일치: 고대 사회의 정치 형태로 종교와 정치를 한 사람이 맡아 책임지는 것

함께 떠나요! 역사 여행

강화 참성단

강화도 마니산 정상에 있는 참성단은 단군왕검이 하늘에 제사를 지내기 위해 쌓은 제단으로 전해져요. 지금도 매년 단군왕검을 기리는 제례가 이곳에서 진행되고 있으며, 한국인의 정신적 뿌리를 상징하는 중요한 장소예요. 강화도에 방문해서 우리 민족 시작의 기운을 느껴 보는 건 어떨까요?

한글의 탄생을 축하하는 날

10월 9일 한글날

나라마다 글자가 있는 게 아니라고요?

"엄마, 우리 말레이시아에 도착한 거 맞아요?"

"응, 비행기에서 내려 공항을 지나왔잖아."

"그런데 왜 거리에 간판들이 영어랑 한자만 보여요? 말레이시아 글자는 안 보여요."

이상하다는 표정을 짓고 있는 새록이에게 엄마는 웃으시며 설명하셨어요.

"말레이시아는 라틴 문자로 표기한 말레이어를 사용하고 있어. 하지만 다양한 민족이 함께 사는 나라여서 영어, 중국어 등 여러 가지 언어도 함께 사용하고 있단다."

엄마의 이야기를 듣고 나서 새록이는 하나의 나라에서 여러 가지 언어를 동시에 사용하는 것이 신기하게 느껴졌어요.

"한글처럼 말레이시아만의 글자는 따로 없는 거예요?"

"전 세계에 나라가 200개 정도 있지? 그런데 그렇게 많은 나라 중에 자기들만의 글자를 가진 나라가 몇 개쯤 될까?"

새록이는 잠시 생각에 잠겼어요.

'200개의 나라가 있으니깐 절반인 100개의 나라가 아닐까…?'

고민에 잠긴 새록이를 보고 엄마는 말씀하셨어요.

"우리나라 한글처럼 고유의 글자를 가진 나라는 10개가 채 되지 않아."

생각보다 적은 숫자에 새록이는 눈이 동그래졌어요.

"그럼 10개도 안 되는 나라 중에 우리나라가 있는 거네요?"

"그렇지. 고유의 글자를 만드는 것도 힘든 일이지만 한 나라의 국민이 같은 글자를 사용하면서 오랫동안 글자를 지키는 것도 쉽지 않거든. 그래서 우리의 한글이 더 멋진 거야."

매일 당연하게 사용하던 한글이 이렇게 멋진 글자라고 생각하니 새록이는 대한민국 국민이라는 것이 더욱 자랑스럽게 여겨졌어요.

한글의 탄생을 축하하는 날, 한글날

그날의 문 두드리기

글자는 나라의 문화와 역사를 기록하고 지키는 중요한 역할을 해요.

조선의 네 번째 임금 세종 대왕은 우리나라 글자인 한글을 만들었는데요. 이것이 바로 '훈민정음'이에요.

매년 10월 9일 한글날은 우리나라 글자인 한글의 독창성과 과학성을 널리 알리고, 한글의 탄생과 역사적 의미를 기념하는 중요한 날이에요.

한글은 1977년에 유네스코 세계 기록 유산으로 등재되어 세계적으로도 우수성을 인정받고 있어요. 한글날을 맞이하여 올바른 한글을 사용할 수 있도록 노력하고, 한글의 소중함을 깨닫는 시간을 가져 보세요.

한결음 더! 역사 속으로

한글 창제를 결심한 세종 대왕

　훈민정음이 만들어지기 이전 조선은 중국의 사상에 영향을 받아 중국의 한자를 사용했어요. 조선의 양반들은 한자를 배우고 사용했지만 일반 백성들에게 한자는 배우기 어렵고 복잡한 글자였지요. 그래서 세종 대왕은 모든 백성이 쉽게 배우고 읽을 수 있는 글자가 필요하다고 생각했어요.

　세종 대왕은 백성을 사랑하는 마음으로 오랫동안 글자를 연구했고, 1443년 우리 고유의 글자 훈민정음을 만들었어요. 그 이후 3년 동안 더 연구하고 보완하여 1446년에 훈민정음을 세상에 알리고, 모든 백성이 배우고 사용할 수 있도록 하였어요. 이는 굉장히 혁명적인 일이었어요. 양반 외에 일반 백성들과 여성들도 글을 읽고 쓸 수 있게 되었으니까요.

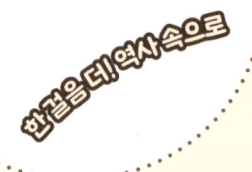

훈민정음의 역사적 의미

훈민정음은 '가르칠 훈(訓)', '백성 민(民)', '바를 정(正)', '소리 음(音)'으로, '백성을 가르치는 바른 소리'라는 뜻이에요.

훈민정음은 모두 28자(자음 17자, 모음 11자)로 우리가 내는 모든 소리를 표현할 수 있게 만들었기 때문에 당시 교육받기 힘들었던 여성과 아이, 일반 백성들도 쉽게 배울 수 있었지요. 시간이 흐르면서 사용하지 않는 4개의 글자가 사라져 지금은 24자(자음 14자, 모음 10자)가 되었어요.

훈민정음은 세계에서 가장 완벽한 글자로 독창적이고 과학적인 원리로 만들어진 글자예요. 글자를 만들 때 발음 기관의 모양을 본떴기 때문에 소리를 낼 때 혀가 움직이는 모습과 글자가 비슷해요. 또 같은 위치에서 나는 발음은 글자 모양도 비슷해요. 이런 과학적인 원리로 만든 훈민정음은 배우기 쉬우며 다양한 표현과 감정을 나타낼 수 있는 훌륭한 글자랍니다.

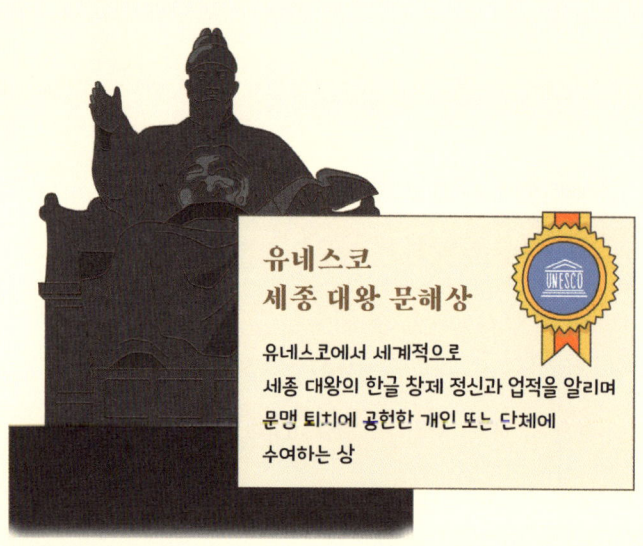

훈민정음 최초의 책과 기록 유산

『용비어천가』

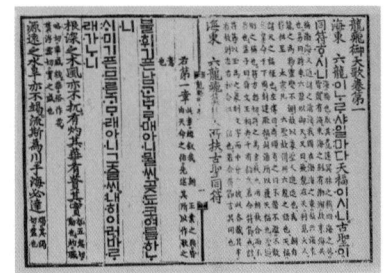

『용비어천가』는 '용(임금)이 날아올라 하늘을 다스린다'라는 뜻으로 조선 왕조의 찬양과 조선 건국의 정당성을 노래하고 있어요.

1447년 세종 대왕이 훈민정음을 만든 후에 한글을 널리 알리고 백성들에게 조선 왕조 역사를 쉽게 전달하고자 권제, 정인지, 안지 등과 함께 지은 책이에요.

『용비어천가』는 훈민정음으로 쓴 최초의 책으로 한글 문학의 연구와 발전에 많은 영향을 준 중요한 자료예요.

『훈민정음 해례본』

『훈민정음 해례본』은 집현전 학사들이 세종 대왕의 명에 따라 만든 훈민정음에 관한 자세한 설명서라고 할 수 있어요.

1940년 이전에는 훈민정음이 어떻게 만들어졌는지에 대한 명확한 기록이 없고, 여러 가지 가설이 있었지요. 1940년에 『훈민정음 해례본』이 발견되었는데, 여기에는 한글을 어떤 원리로 만들었는지, 또 어떻게 발음하고 사용하는지에 대한 내용이 기록되어 있었어요. 해례본에 담긴 기록으로 우리 한글이 매우 훌륭한 글자라는 것을 알 수 있어요.

소중한 우리말을 지킨 조선어학회

    1910년 일본이 우리나라를 지배하면서 일본은 한국어 억압 정책을 펼쳤어요. 초기에는 한국어로 쓴 신문이나 잡지의 발행을 금지하고 한국어로 쓴 출판물을 검열했어요.

    1930년대 말부터 일본은 본격적으로 한국어 말살 정책을 펼쳤고, 학교에서 우리말과 우리글 사용을 금지했어요. 하지만 우리 민족은 한글을 지키기 위해 노력했고, 그 중심에는 '조선어학회'가 있었어요. 조선어학회는 한글 연구와 보급에 평생을 바친 주시경 선생의 제자들이 만든 단체로 소중한 우리말과 글을 지키기 위해 많은 활동을 했어요. 그러자 일본은 1942년 조선어학회를 독립운동 단체로 몰아 회원들을 잡아들여 감옥에 가두었어요. 다행히 광복 이후 조선어학회는 다시 결성되어 마침내 6권에 이르는 『우리말 큰사전』을 완성했어요.

한글날은 언제 만들어졌을까?

조선어학회 회원들은 1926년 훈민정음 반포 480주년을 기념하여 음력 9월 28일을 '가갸날'로 정했어요. 민족정신을 되살리고 한글을 잊지 않고 보존하기 위한 노력이었어요. 당시에는 한글이 널리 알려지지 않았고, '가갸거겨…'로 한글을 배웠기 때문에 가갸날이라고 정했지요. 그러다 1928년 『한글』잡지를 발행하면서 이름이 한글날로 바뀌었어요.

그리고 1940년에 『훈민정음 해례본』의 발견으로 훈민정음의 정확한 반포일을 알게 되었는데요. 해례본에 기록된 훈민정음 반포일을 양력으로 계산하여 10월 9일을 한글날로 정했어요.

1945년부터 한글날을 10월 9일로 확정하고, 2006년부터 국경일로 지정해 기념하고 있어요.

주시경 선생

주시경 선생은 세종 대왕이 창제한 훈민정음을 오늘날의 한글로 존재할 수 있게 만든 인물이에요. 언어까지 잃게 되면 민족의 정체성도 잃어버리게 된다는 생각으로 한글 연구의 기초를 마련한 국어학자이자 독립운동가예요.

훈민정음 반포 당시 양반들은 천한 글이라고 생각했지만, 주시경 선생은 '으뜸가는 글', '하나밖에 없는 글'이라는 뜻을 담아 훈민정음에 '한글'이라는 이름을 붙였어요. 또 우리나라 최초의 한글 신문인 '독립신문' 발간에 참여했고, 국어 문법을 정리하고 띄어쓰기를 만든 분이기도 해요.

주시경 선생은 후진 양성에 힘썼으며, 그의 제자들은 조선어학회를 만들어 한글을 연구하고 보존하기 위해 앞장섰답니다.

함께 떠나요! 역사 여행

국립 한글 박물관

서울 용산에 위치한 국립 한글 박물관에는 한글 자료 전시실과 한글 놀이터, 한글 배움터 등 다양한 체험 공간이 있어요. 훈민정음과 관련된 유물을 관람할 수 있으며 체험과 놀이를 통해 한글을 재미있게 이해하고 경험할 수 있어요.

숭고한 정신을 추모하는 날

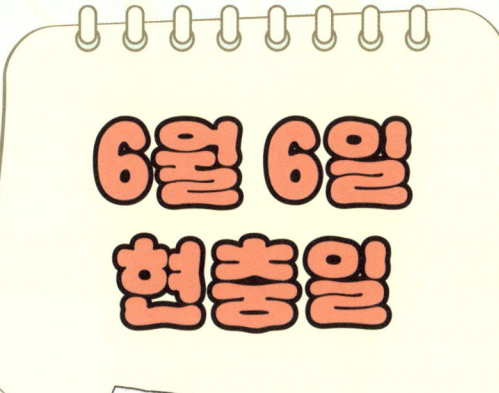

6월 6일 현충일

우리나라에서 가장 높은 산은?

점심을 먹고 난 새록이와 반 친구들이 퀴즈를 내고 있어요. 이번에는 새록이가 문제를 냈어요.

"우리나라에서 가장 높은 산은?"

"정답! 한라산!"

"아니야! 내가 맞힐래. 정답! 백두산."

질문과 동시에 친구 두 명이 서로 다른 정답을 외쳤어요.

"우리나라에서 가장 높은 산은 제주도에 있는 한라산이야!

"아니야, TV 여행 프로그램에서 우리나라에서 제일 높은 산은 백두산이라고 하는 걸 들었단 말이야!"

다른 친구들도 함께 웅성거리기 시작했어요. 백두산이 정답이라는 친구도 많았고, 한라산이 정답이라는 친구도 있었어요. 이러다가는 정말 큰 다툼이 날 것 같아 새록이는 난감한 표정으로 있었어요. 마침 수업 종이 울리고 선생님께 들어오셨어요.

"선생님, 질문이 있어요. 우리나라에서 가장 높은 산은 백두산이에요? 아니면 한라산이에요?"

새록이의 질문에 선생님께서 말씀하셨어요.

"정답은 바로… 백두산과 한라산 모두 정답!"

친구들은 모두 정답이라는 사실에 순간 눈이 동그래졌어요.

"우리나라를 지금 우리가 살고 있는 남한으로만 본다면 정답은 제주도에 있는 한라산이란다. 하지만 남한과 북한을 합쳐서 한반도 국토에 있는 산 중 가장 높은 산을 말한다면 백두산이 되거든."

"아~, 북한!"

선생님의 이야기에 친구들은 고개를 끄덕였어요.

"우리나라가 6·25 전쟁을 겪으면서 남한과 북한으로 나뉘게 된 것은 잘 알고 있지? 하지만 이전에는 하나의 국토였단다. 선생님은 너희가 우리 국토를 잊지 않았으면 좋겠어."

새록이와 반 친구들은 지금은 전쟁으로 분단국가가 되었지만 하나의 국가라는 것을 잊지 말아야겠다고 생각했어요.

현충일은 국경일이 아니라고요?

현충일은 국경일이 아닌 법정 기념일로 나라를 위해 목숨을 바친 분들을 기억하기 위한 추모의 날이에요.

처음에는 6·25 전쟁 때 희생된 분들을 추모하기 위한 날로 만들어졌지만 그 이후에 우리나라를 지키기 위해 목숨을 바친 독립투사와 순국선열을 모두 기리는 날이 되었답니다.

현충일에는 우리나라를 지키기 위해 수많은 희생이 있었음을 기억하며 애국 정신을 깊이 새기는 시간을 가져 보세요.

한 걸음 더! 역사 속으로

독립 이후 혼란의 우리나라

우리나라는 광복을 맞이하면서 새로운 정부를 세우기 위해 노력했지만, 한반도를 둘러싼 강대국의 신경전은 계속되었어요. 38도선을 경계로 북쪽은 소련군이, 남쪽은 미군이 들어와 다스리기 시작하면서 우리의 힘으로 새로운 국가를 만들려는 노력에 큰 어려움이 생겼지요.

1945년 12월, 강국이었던 미국, 영국, 소련 세 나라의 외무 장관*이 모여 우리나라에 관해 논의했고, 그 결과 미국, 영국, 소련, 중국이 우리나라를 5년 동안 '신탁 통치'하기로 했어요. 신탁 통치는 스스로 나라를 다스릴 능력이 없는 정부를 대신해 일정 기간 다른 나라가 통치하는 것을 뜻해요.

통일 정부 만들기에 실패하자 남한은 1948년 대한민국 정부 수립을 발표했고, 북한도 북한대로 정부(조선 민주주의 인민 공화국) 수립을 선포했어요. 이후 한반도는 남과 북으로 분단되어 팽팽한 힘겨루기가 시작되었어요.

* 외무 장관: 국가의 외교에 관한 일을 하는 높은 직위의 사람

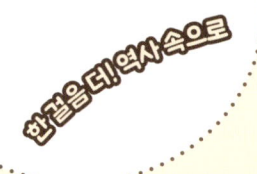

가슴 아픈 비극, 한국 전쟁

　남한과 북한이 팽팽하게 맞서던 어느 날 총성과 함께 전쟁이 시작되었어요. 우리 민족의 최대 비극 6·25 전쟁의 시작이었지요.

　북한은 소련의 지원을 받아 1950년 6월 25일 새벽에 남한을 침략해 공격했어요. 남한은 전쟁을 전혀 준비하지 못한 상황이었고, 결국 북한의 공격에 속수무책으로 당할 수밖에 없었어요. 하지만 미국이 유엔(UN, 국제 연합)과 힘을 모아 유엔군을 지원했고, 인천 상륙 작전을 통해 다시 서울을 되찾았어요. 서울을 되찾은 후에도 북한 지역까지 진격했으나 후퇴하게 되었고, 38도선 근처를 엎치락뒤치락하며 전쟁은 무려 3년이나 이어졌어요. 같은 민족끼리 총칼을 겨눈 전쟁이었기에 더욱 가슴 아픈 일이었지요. 국토는 폐허가 되었으며 수많은 목숨이 희생되었어요. 6·25 전쟁은 우리 역사상 가장 비극적인 사건이 되고 말았어요.

조기 게양과 묵념

현충일은 다른 국경일이나 기념일과는 다른 방법으로 태극기를 게양해요. 기쁨을 표현하는 날이 아니라 나라를 위해 희생한 분들을 추모하는 날이기 때문에 태극기를 게양하는 방법도 슬픔을 표현하고 있어요. 현충일처럼 조의*를 표하는 날에는 '조기'를 게양해요. 조기를 게양할 때는 깃봉에서 태극기의 세로 길이만큼 내려서 달아요.

현충일에는 오전 10시가 되면 대한민국 전역에 1분간 묵념 사이렌 소리가 울려 퍼져요. 사이렌 소리가 울리는 동안에는 우리나라를 위해 숭고한 희생을 바친 분들을 기억하며 경건한 마음으로 묵념하는 것을 잊지 마세요.

* 조의: 다른 사람의 죽음을 슬퍼하는 마음

★ 올바른 조기 게양법

대한민국과 함께 싸운 유엔군

'유엔(UN)'은 국제 협력과 평화를 위한 목적으로 설립된 국제 평화 기구예요.

1950년 6월 25일 새벽에 북한이 남한을 쳐들어오면서 한국 전쟁이 일어났고, 우리나라는 국제에 도움을 요청했어요. 유엔의 안전 보장 이사회에서는 유엔 소속의 나라들에 군사 지원을 요청했고, 우리나라는 유엔군의 도움을 받게 되었어요. 한국 전쟁에 참전한 국가는 총 21개국으로 이들은 목숨을 걸고 전투에 참여했고, 수많은 희생자와 부상자가 발생했어요. 먼 타국까지 날아와 대한민국을 위해 목숨을 바친 유엔군의 숭고한 정신을 영원히 기억해야 해요.

함께 떠나요! 역사 여행

국립 서울 현충원

국립 서울 현충원은 1955년 국군묘지로 만들어졌고, 그 이후에는 국가와 민족을 위해 희생하신 순국선열과 장병들의 넋을 추모하는 국립묘지가 되었어요. 매년 현충일이 되면 이곳에서 대한민국 대통령이 참석하는 현충일 추념식이 열리며, 평상시에는 시민에게 개방하고 있어요. 현충일에 우리나라를 위해 목숨을 바친 분들의 얼을 기리며 이곳을 찾아보는 건 어떨까요?

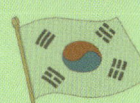

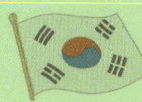

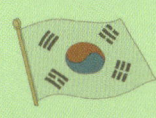

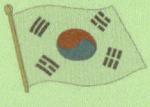

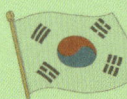
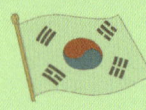

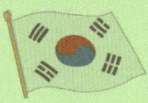

3월 1일 삼일절

_____의 삼일절 미니북

①
삼일절은?

1919일
3월 1일

일본에 빼앗긴
우리나라를
되찾기 위해

전 세계에
대한민국의 독립을
선언한 날을 기념

3·1 운동의 시작은?

미국 윌슨
대통령의
'민족 자결주의' 발표
&
고종 황제의
갑작스러운
사망

1919. 2. 8
일본에 유학 중이던
조선 학생들의
2.8 독립 선언
소식이 국내에
전파

삼일절

1910년부터
시작된
무단 통치로
점점 심해지는
일본의 탄압

1919. 3. 1
민족 대표
33인의 주도로
만세 운동 시작
↓
전국적 대규모
운동

삼일절이 궁금해?

어서 펼쳐 봐!

ooooo▷

 그날의 주요 인물 살펴보기

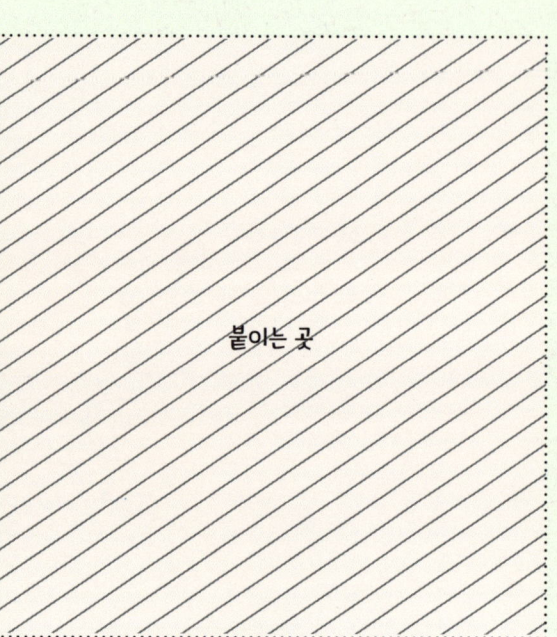

우리나라의 자유와 독립을 위해 희생된 분들의 민족정신과 소중한 역사를 우리는 꼭 기억해야 해요!

붙이는 곳

어린 나이에도 일본군에 당당히 맞선 용감한 유관순 열사에게 보내는 나의 메시지

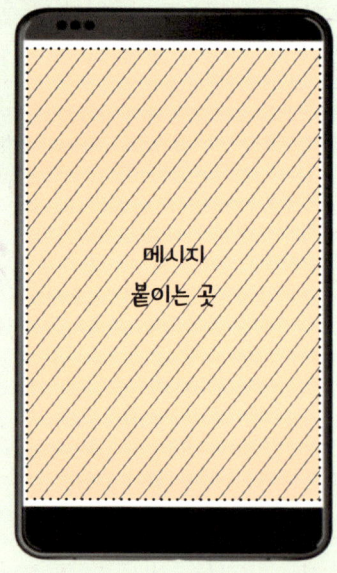

메시지 붙이는 곳

독립 선언서

독립 선언서의 앞부분을 읽어 보면서 그날의 분위기를 느껴 보세요!

붙이는 곳

3·1 운동의 결과

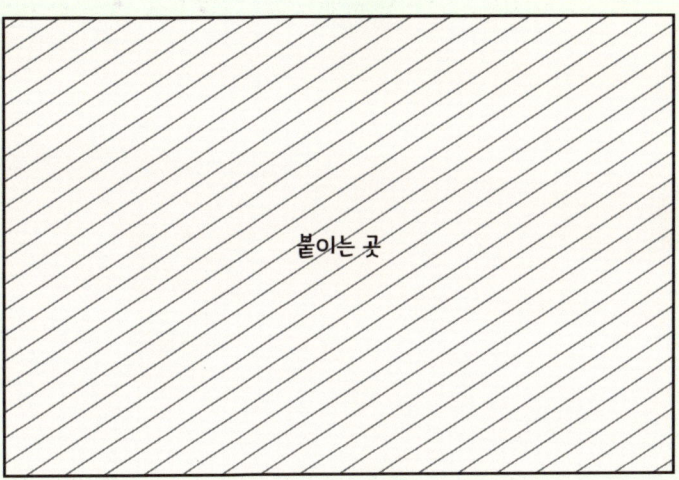

①번 붙이는 곳   ②번 붙이는 곳

삼일절

6월 6일
현충일

_____ 의 현충일 미니북

①

 ## 현충일은?

붙이는 곳

 ## 현충일은 추모의 날

붙이는 곳

현충일이 궁금해?

어서 펼쳐 봐!

○○○○○▷

 현충일 관련 단어 알아보기

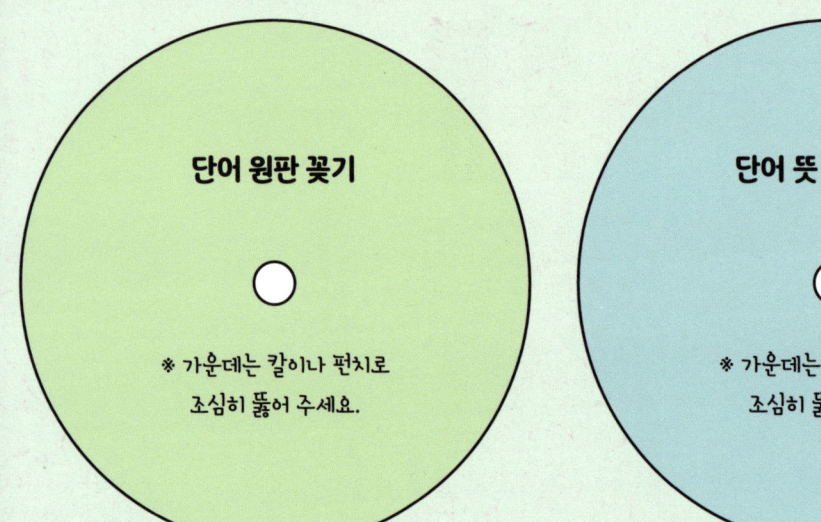

단어 원판 꽂기

※ 가운데는 칼이나 펀치로 조심히 뚫어 주세요.

단어 뜻 원판 꽂기

※ 가운데는 칼이나 펀치로 조심히 뚫어 주세요.

 대한민국을 지키기 위해 희생한 분들을 기억하며, 내가 할 수 있는 일은?

붙이는 곳

 ## 6·25 전쟁이 일어나기까지 무슨 일이 있었을까?

 ## 6월 6일 현충일은 조기 게양

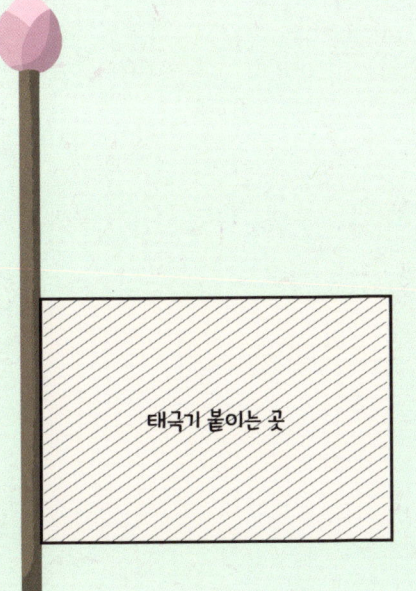

현충일, 국장 기간, 국민장일, 정부 지정일에는 조기를 달아요.

깃봉에서 태극기의 세로 길이만큼 내려서 달아요.

현충일 오전 10시가 되면 전국에 묵념 사이렌이 울려요. 경건한 마음으로 묵념의 시간을 가져요.

7월 17일 제헌절

_____ 의 제헌절 미니북

 # 제헌절은?

  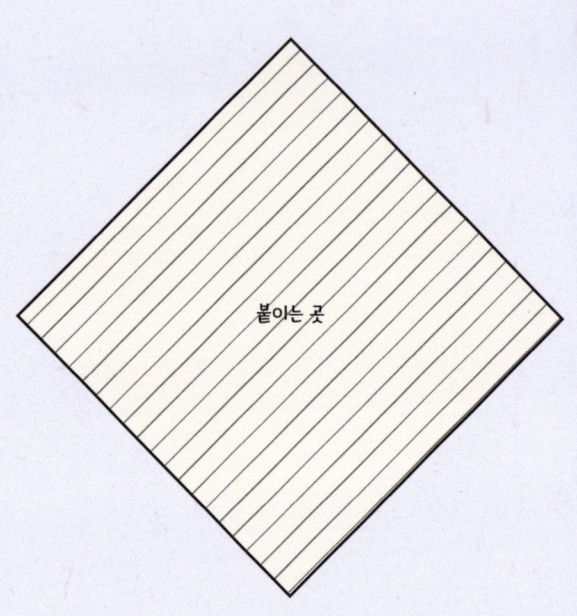

 # 헌법은 기본법이자 최고법!

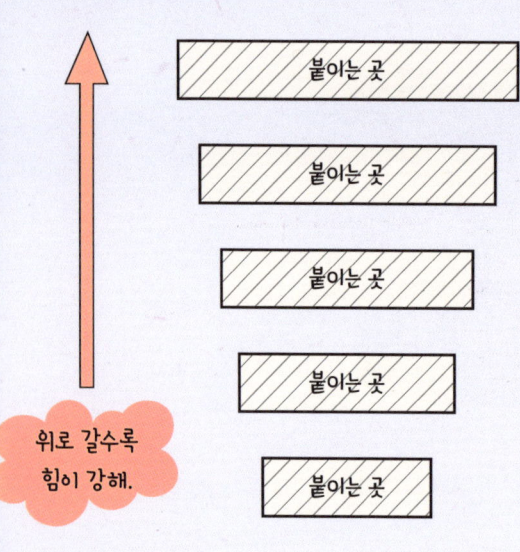

위로 갈수록 힘이 강해.

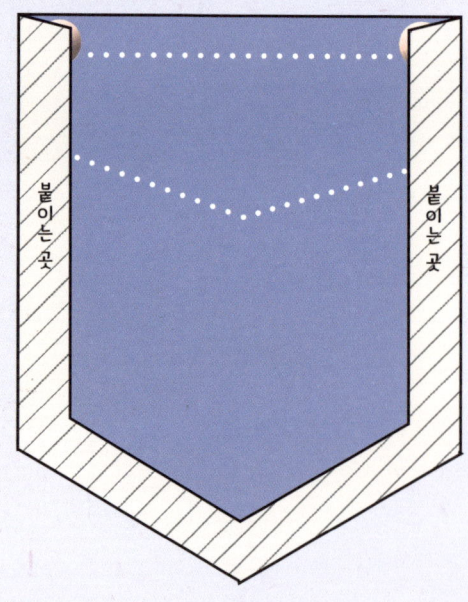

제헌절이 궁금해?

어서 펼쳐 봐!

ooooo▷

 법이 만들어지는 곳, 국회

붙이는 곳

 국회가 하는 일을 알아보아요!

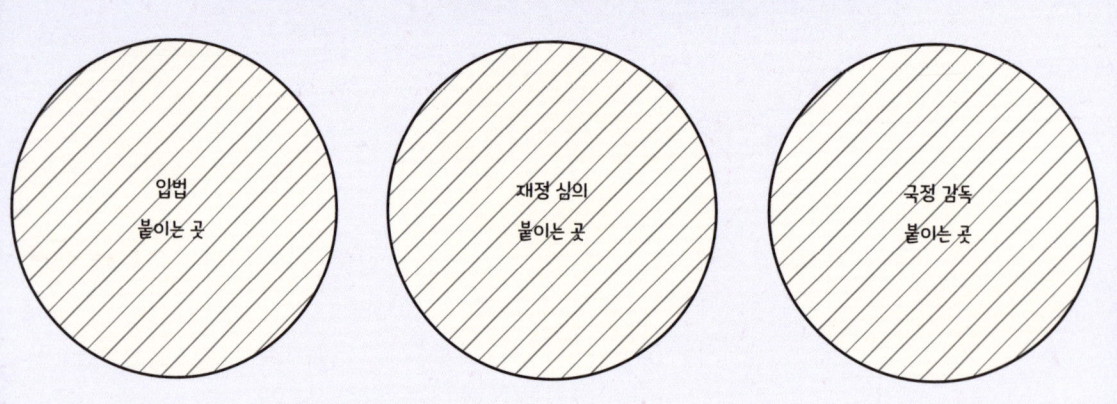

입법
붙이는 곳

재정 심의
붙이는 곳

국정 감독
붙이는 곳

 ## 7월 17일 제헌절, 좀 더 알아볼까?

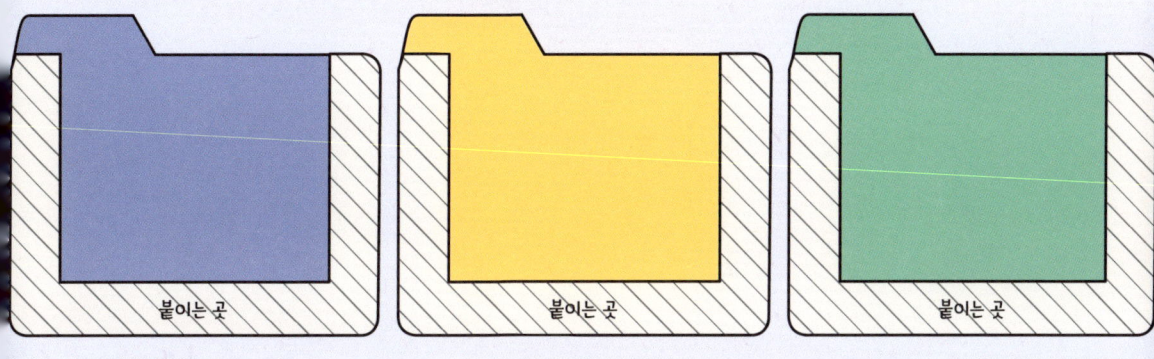

 ## 헌법의 탄생까지!

제헌절

8월 15일 광복절

의 광복절 미니북

광복절은?

붙이는 곳

붙이는 곳

붙이는 곳

 # 1910~1945년은 일제 강점기였어!

일제 강점기는 3가지 시기로 설명할 수 있어!

일제 강점기
↓
캄캄했던 시기

 1910~1919년
총과 칼로 우리 민족의 자유를 억압하다니!

 1920~1930년대
우리 민족을 갈라서게 하고 친일파로 만들 속셈이라고?

 1930년대 중반~1945년
우리말 사용도 금지하고, 일본식 이름을 강요하다니!

원판 꽂기

※ 가운데는 칼이나 펀치로 조심히 뚫어 주세요.

광복절이 궁금해?

어서 펼쳐 봐!

○○○○○▷

광복을 이끈 훌륭한 인물들

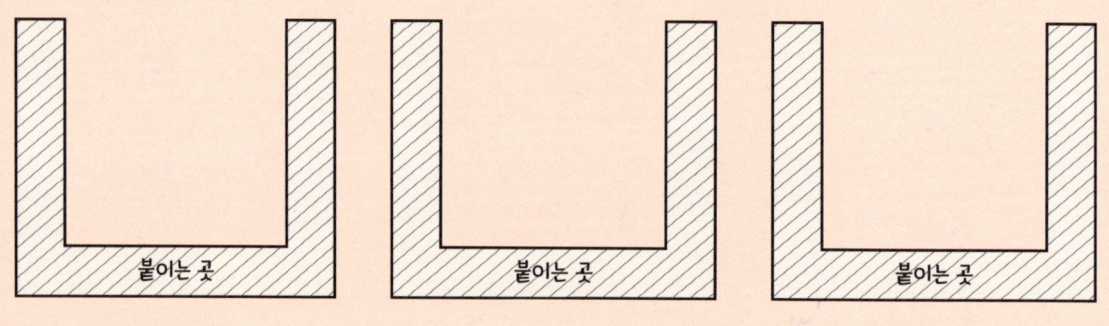

 ## 광복절의 2가지 의미

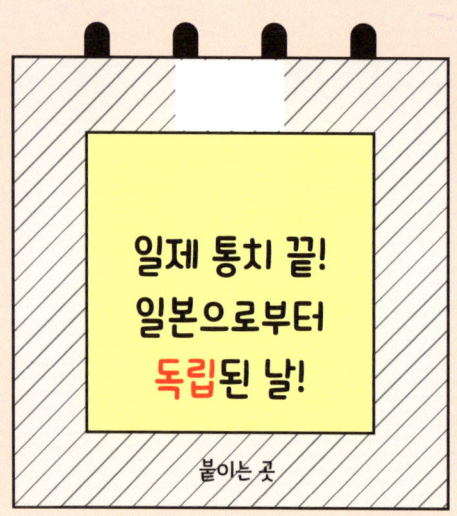
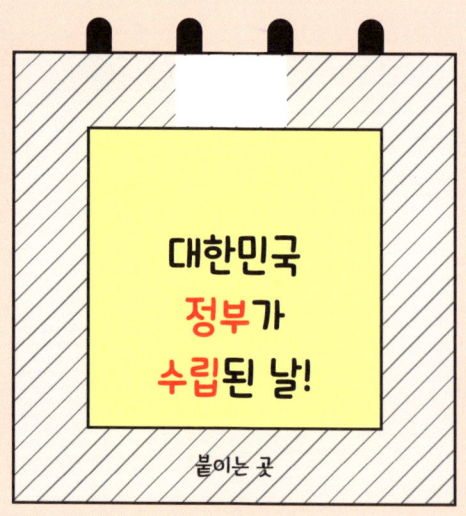

빛을 찾기 위한 우리 민족의 노력

원판 꽂기

※ 가운데는 칼이나 펀치로 조심히 뚫어 주세요.

나라를 다시 찾기 위한 우리 민족의 노력은 계속되었어!

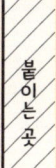
독립군을 조직해 일본군과 싸웠어. 봉오동 전투와 청산리 대첩은 일본을 상대로 독립군이 큰 승리를 이끈 전투야. 우리의 독립 의지를 전 세계에 알렸지!

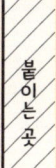
3·1 운동 내용 기억나지? 무력 싸움이 아닌 평화적인 시위로 전 세계에 일본의 식민 지배가 옳지 않다는 것을 알리기 위해 노력했어.

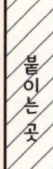
중국 상하이의 대한민국 임시 정부에서도 독립운동을 위해 다양한 활동을 했어. 독립군 양성, 독립운동 자금 모으기, 외교 활동 등 체계적인 독립운동을 펼쳤어.

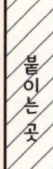
민족정신을 지키기 위해 교육 운동을 펼쳤어. 우리말과 우리글을 가르쳤고, 학자들은 '조선어학회'라는 단체를 만들어 한글을 연구하고 지키기 위해 노력했어.

10월 3일 개천절

_____의 개천절 미니북

①

 하늘이 열린 날, 개천절은?

붙이는 곳

 그런데 왜 하늘이 열렸다고 하는 걸까?

붙이는 곳

개천절이 궁금해?

어서 펼쳐 봐!

∘∘∘∘∘▷

고조선 역사 퀴즈

우리 민족의 시작은 바로 고조선이라는 나라야.
고조선에 대해 우리 함께 더 알아볼까?

평양
기록에 따르면 고조선의 수도는 평양이야.

8조법
8조법을 만들어 살인, 도둑질 등을 벌하고 사회 질서를 유지했어.

청동기 시대
고조선은 청동기 시대에 세워졌어.

강화도
마니산의 참성단 등 고조선의 문화를 확인할 수 있어.

삼국유사
고려 시대 승려 일연이 쓴 《삼국유사》에 고조선 건국 이야기가 있어.

우리 민족의 뿌리와 정체성을 알 수 있기 때문이야.
우리나라가 어떻게 시작했는지 꼭 기억해!

우리나라의 건국 신화, 알고 있지?
순서대로 펼치면서 이야기를 읽어 봐!

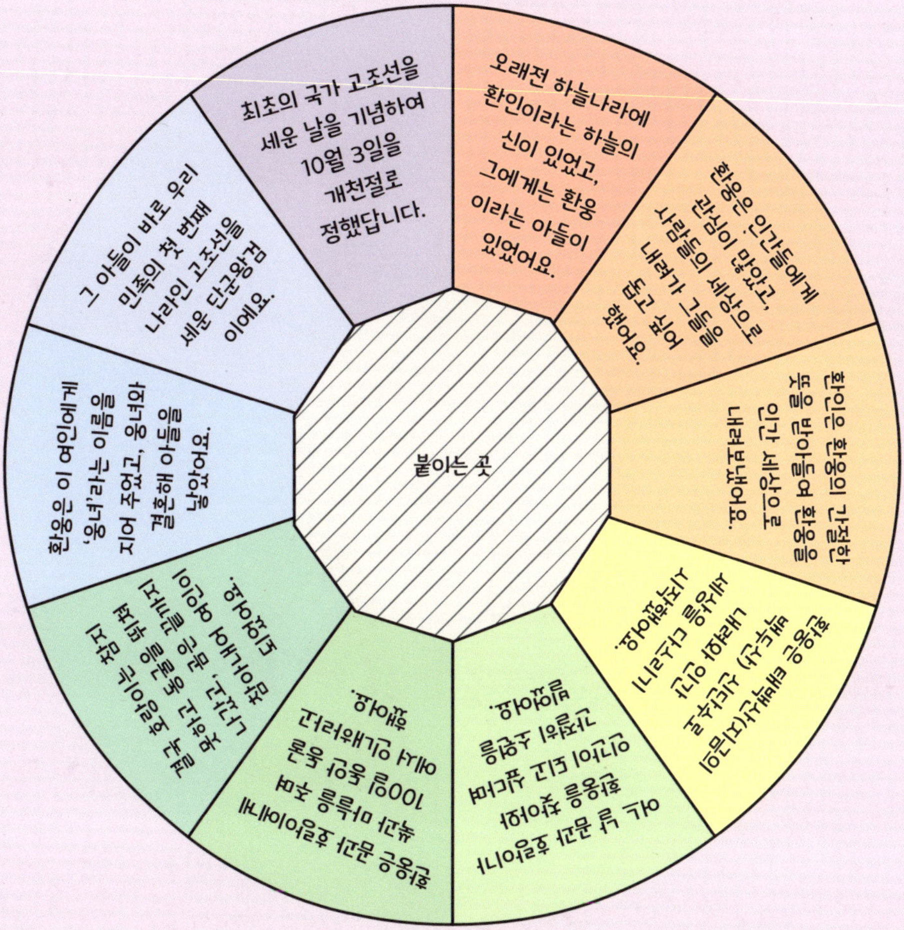

오래전 하늘나라에 환인이라는 하늘의 신이 있었고, 그에게는 환웅이라는 아들이 있었어요.
환웅은 인간들에게 관심이 많았고, 사람들의 세상으로 내려가 그들을 돕고 싶어 했어요.
환인은 환웅의 간절한 뜻을 받아들여 환웅을 인간 세상으로 내려보냈어요.
환웅은 태백산(지금의 백두산) 신단수로 내려와 인간 세상을 다스리기 시작했어요.
어느 날 곰과 호랑이가 환웅을 찾아와 인간이 되고 싶다며 간절히 소원을 빌었어요.
환웅은 곰과 호랑이에게 쑥과 마늘을 주며 100일 동안 동굴에서 인내하라고 했어요.
결국 호랑이는 참지 못하고 동굴을 뛰쳐나갔고, 곰은 끝까지 참아내어 여인이 되었어요.
환웅은 이 여인에게 '웅녀'라는 이름을 지어 주었고, 웅녀와 결혼해 아들을 낳았어요.
그 아들이 바로 우리 민족의 첫 번째 나라인 고조선을 세운 단군왕검이에요.
최초의 국가 고조선을 세운 날을 기념하여 10월 3일을 개천절로 정했답니다.
붙이는 곳

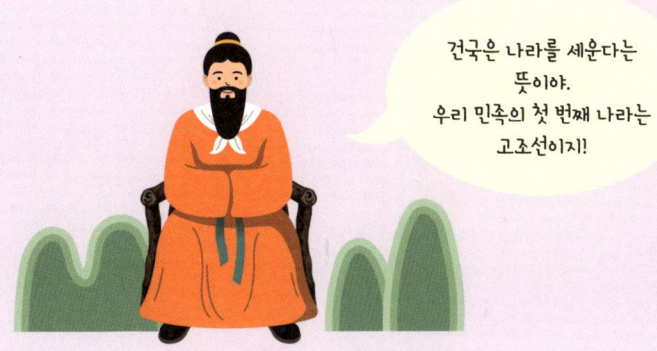

건국은 나라를 세운다는 뜻이야.
우리 민족의 첫 번째 나라는 고조선이지!

개천절

한글날

🧑 훈민정음은?

붙이는 곳	붙이는 곳	붙이는 곳
_____년 창제 _____년 반포	자음 _____자 모음 _____자	어려운 한자 대신 백성들이 쉽게 배우고 읽을 수 있는 글자를 창제.

 훈민정음이 위대한 이유

③

 # 훈민정음 해례본?
궁금하면 당겨 봐!

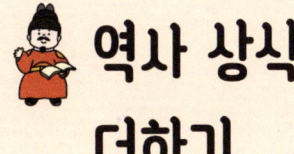 # 역사 상식
더하기

붙이는 곳

'활자'는 평평한 판에 글자를 볼록 튀어나오게 새긴 거야.

붙이는 곳

금속 활자 발명 기술 덕분에 하나씩 손으로 쓰지 않아도 대량 인쇄가 가능해서 많은 책을 동시에 만들 수 있어.

붙이는 곳

고려 시대에 세계 최초로 금속 활자가 제작되었어. 『직지심체요절』은 세계에서 가장 오래된 금속 활자본이야.

붙이는 곳

붙이는 곳

고려의 금속 활자에서 더욱 발전한 것이 세종 대왕이 만든 구리 활자야. 대표적인 것이 바로 『갑인자』.

붙이는 곳

고려의 인쇄술은 서양보다 70년 가까이 앞섰다는 것! 『직지심체요절』은 프랑스 국립 박물관에 있어. 언젠가 꼭 찾아와야 할 우리의 보물이야!

한글날이 궁금해?

어서 펼쳐 봐!

○○○○○▷

 ## 한글날은?

- 붙이는 곳 / **한글 탄생을 축하하는 날**
- 붙이는 곳 / **10월 9일**
- 붙이는 곳 / **최초의 이름은 훈민정음**

 ## 훈민정음을 창제한 인물은?

세종 대왕(1418~1450년)의 본명은 이도, 왕이 되기 전 군호(세자 시절 이름)는 충녕 대군이에요. 조선의 4번째 임금이에요.

세종 대왕은 어린 시절부터 분야와 상관없이 많은 책을 읽었고, 다방면으로 지식을 쌓았어요. 왕이 된 이후에도 신분을 가리지 않고 유능한 인재를 등용하여 깨끗한 정치를 펼쳐 왕권을 강화했어요.

세종 대왕은 과학과 예술에도 관심을 기울였는데, 해시계, 물시계, 측우기, 혼천의 등 다양한 과학 기구를 만들어 백성들의 생활에 도움을 줄 수 있도록 했어요. 그중에서도 세종 대왕의 가장 큰 업적은 '훈민정음'을 만든 것이에요. 훈민정음은 한자가 어려워서 배우기 힘든 백성들을 위해 만든 우리나라 글자입니다.

10월 9일 한글날

나랏말쓰미

_____의 한글날 미니북

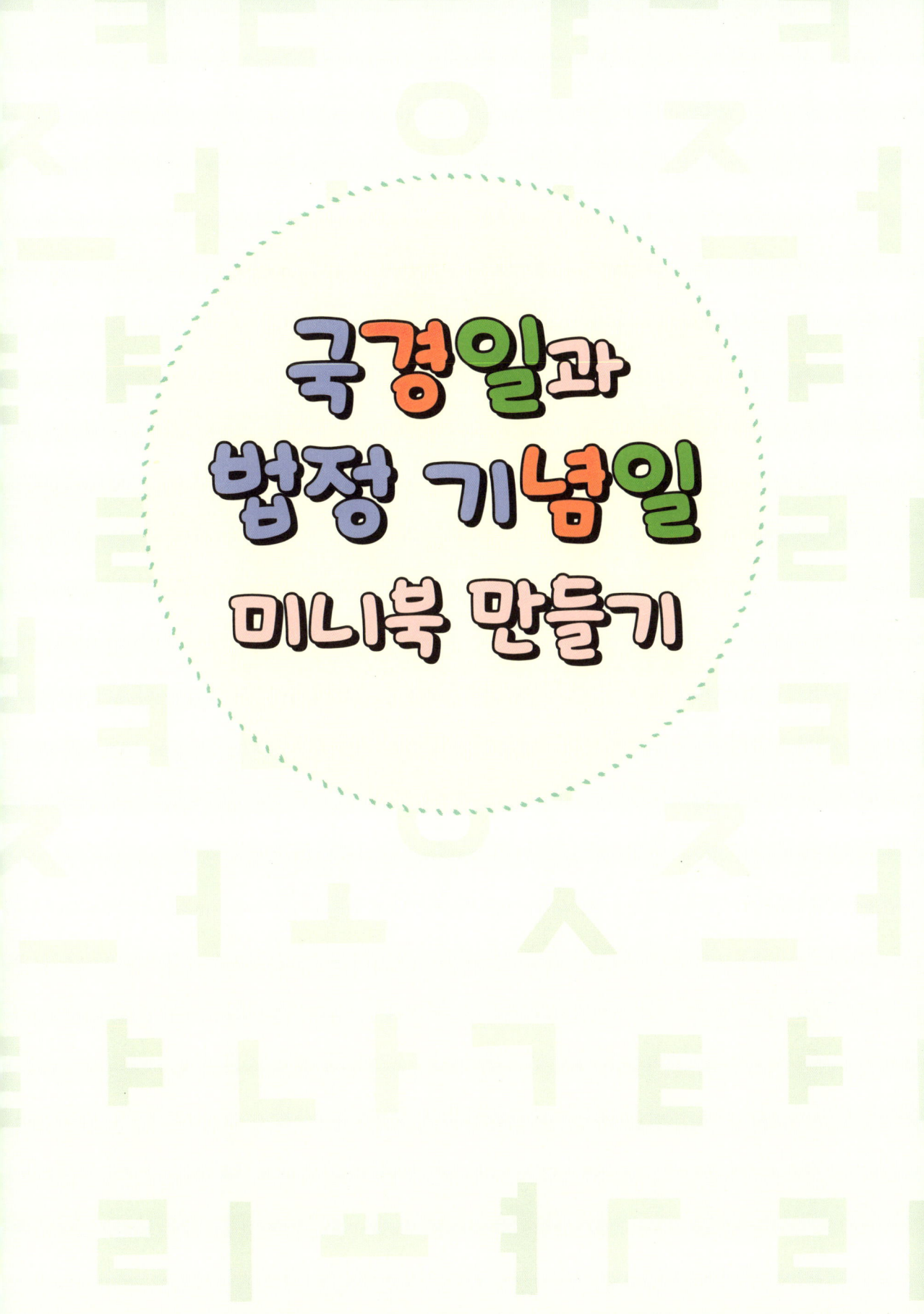

✦ 우리나라 국경일 & 법정 기념일 미니북 만들기

만들기 책 안에 있는 도안을 오리고, 활동판에 붙여서 나만의 미니북을 완성해 보세요.

삼일절 미니북 완성

✦ 만들기 전에 꼭 확인해요!

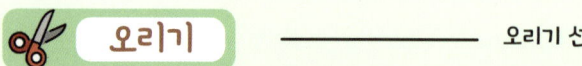 ——————— 오리기 선

실선으로 되어 있는 부분은 그림의 가장자리를 따라 가위로 오려요.

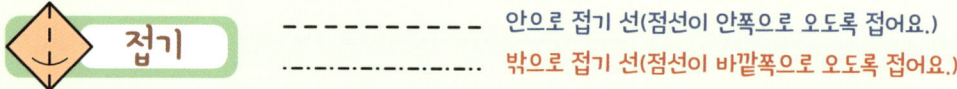

안으로 접는 선과 밖으로 접는 선, 두 종류의 선이 있어요. 모양을 확인하고 주의해서 접어요.

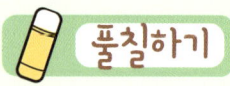

풀칠하는 곳과 붙이는 곳은 빗금으로 표시되어 있어요. 풀칠을 한 후 '붙이는 곳'에 붙여요.
풀칠하는 곳이 여러 군데라면 같은 기호끼리 맞춰 붙여요.
(★는 ★끼리, ◆는 ◆끼리, ▲는 ▲끼리 붙이기)

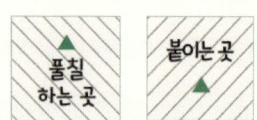

① 삼일절은?

① 3·1 운동의 시작은?

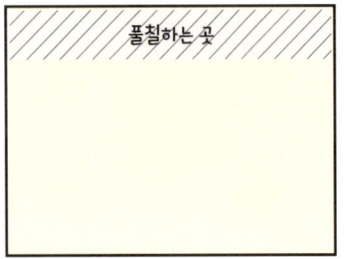
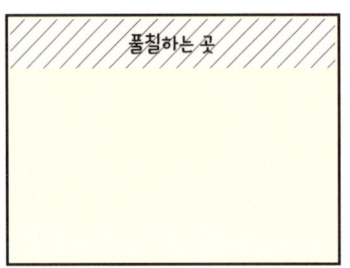
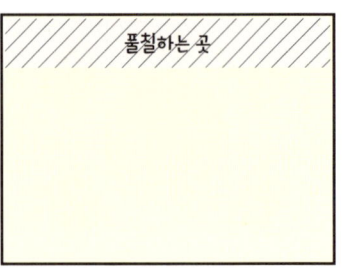

② 독립 선언서 봉투

★ 만드는 방법

1. 실선대로 오린 후, 가운데 실선은 칼로 오리기
2. 봉투의 양옆을 먼저 접고, 아랫부분 접기
3. 손잡이 부분(태극기)은 실선 사이에 끼워 양옆으로 접기

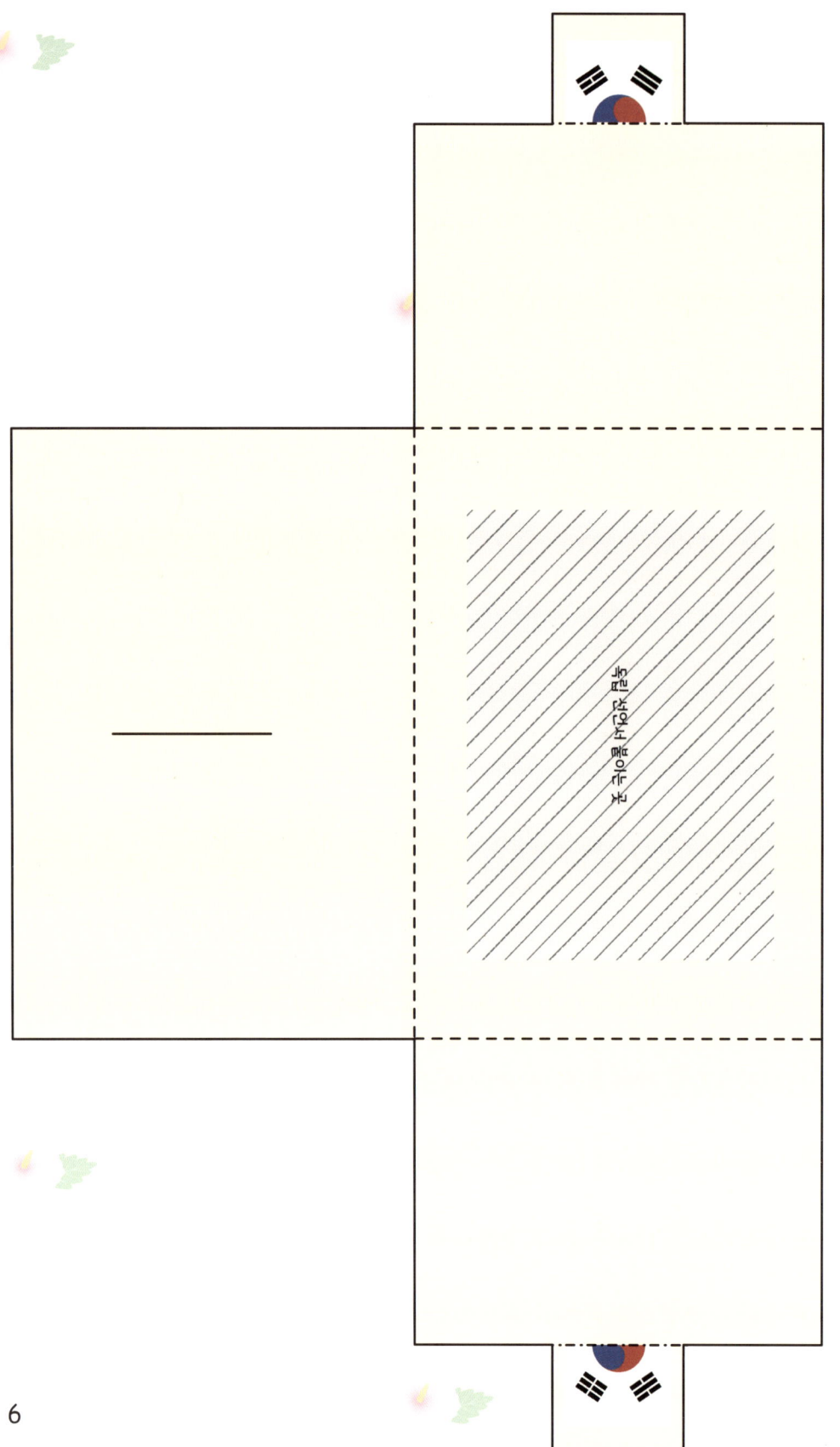

② 독립 선언서(선언문)

우리는 오늘
조선이 **독립한 나라**이며,
조선인이 이 **나라의 주인**임을
선언한다.

우리는 이를 세계 모든 나라에
알려 **인류가 모두 평등**하다는
큰 뜻을 분명히 하고,
우리 **후손**이 민족 스스로 살아갈
정당한 권리를
영원히 누리게 할 것이다.

이 선언은 **오천 년** 동안
이어 온 우리 역사의 힘으로
하는 것이며, **이천만 민중**의
정성을 모은 것이다.

…
이 세상 어떤 것도
우리 독립을
가로막지 못한다.

…(이하 생략)…

③ 나의 메시지

유관순 열사에게 보내는 메시지

안녕!
나는 _____ 야.
나는 오늘
삼일절에 대한
너의 이야기를
들었어.

내가 만약
그때 일본군에게
잡혀갔다면 너처럼
용감하고 당당하게
맞서 싸울 수
있었을까?

만약 살아 있는 날
다시 만나게 된다면
나는 너에게

_____
_____
_____

라고 말해 주고
싶었어.
대한민국이 있게
해줘서 정말 고마워!

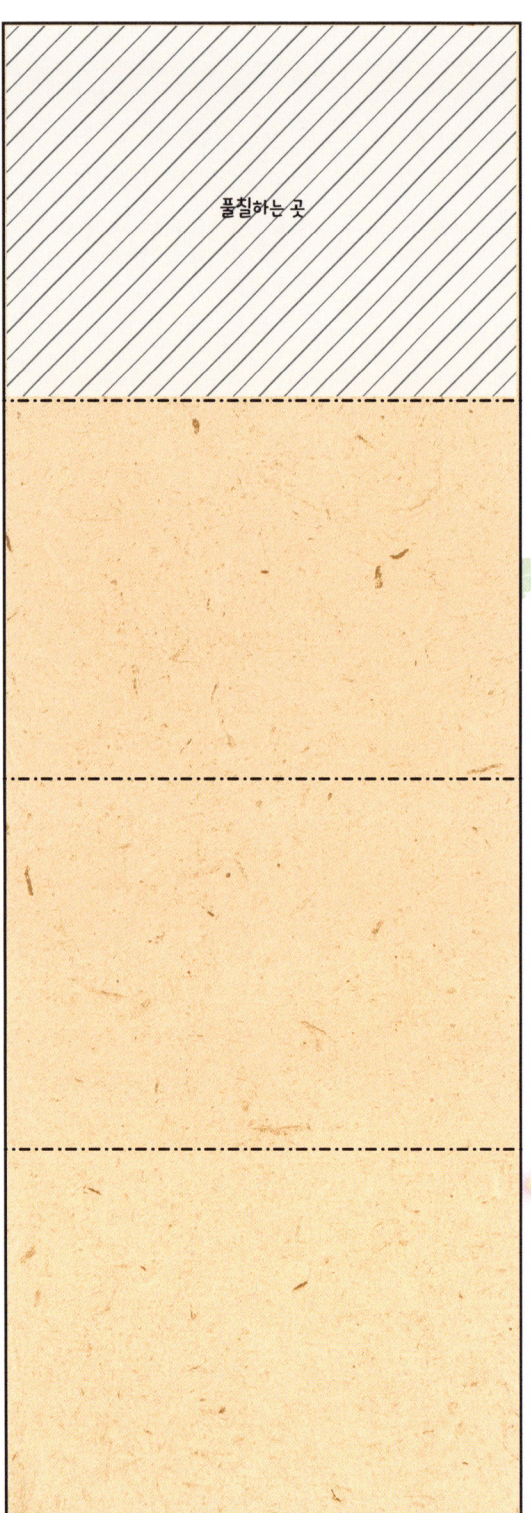

② 3·1 운동의 결과

대한민국 임시 정부의 수립

한국인들의 독립 의지를
전 세계에 알린 중요한 계기로,
독립운동의 필요성을 절실히 느낀
지도자들이 중국 상하이에
대한민국 임시 정부를 수립함.

독립운동의 본격화

3·1 운동 이후
무장 투쟁의 필요성이 높아지면서
만주와 연해주 지역에서 무장 독립군이
활발히 조직됨.
➡ 봉오동 전투와 청산리 대첩에서 승리

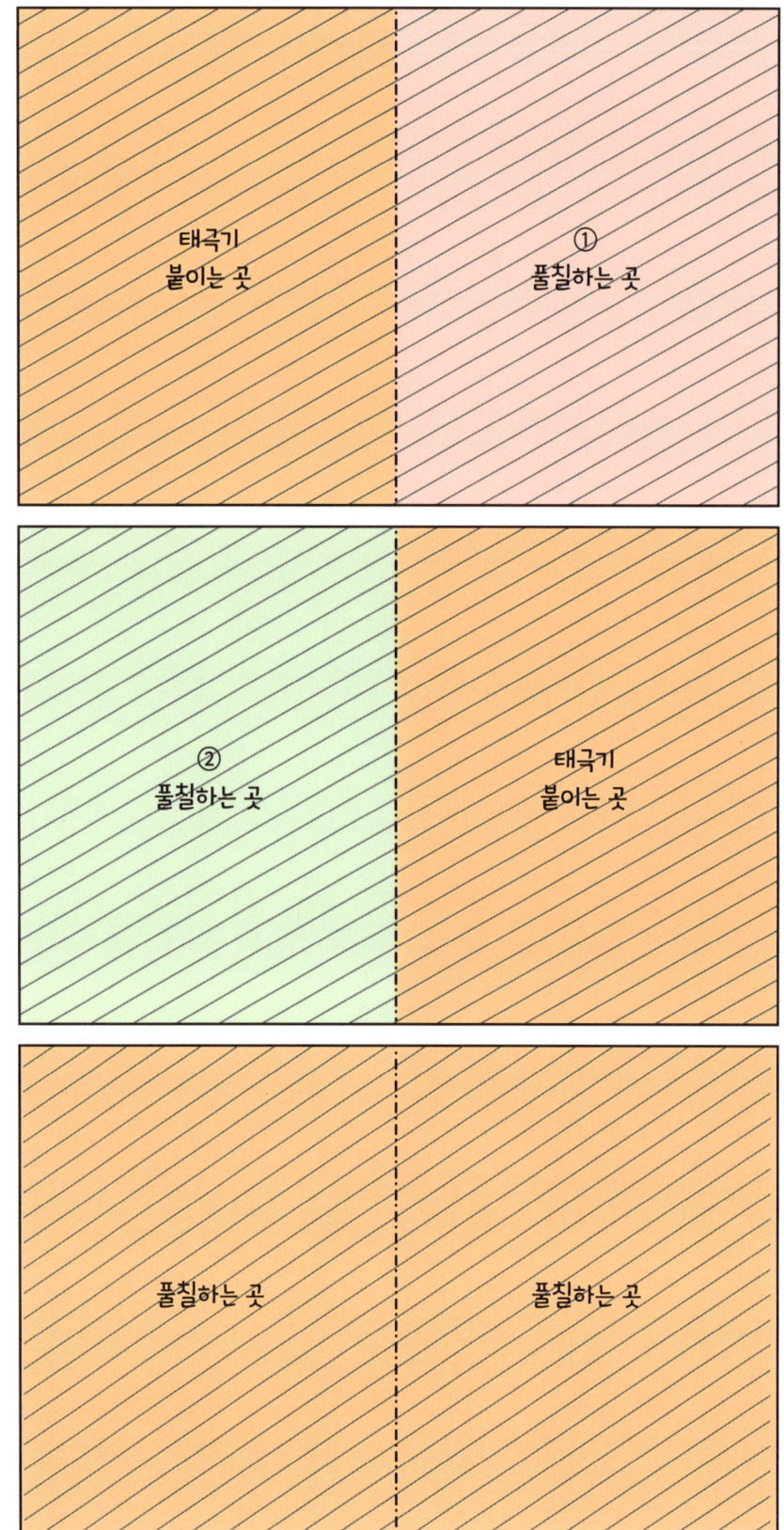

③ 그날의 주요 인물 살펴보기

3·1 운동이 진행되던 1919년, 유관순은 17세의 어린 소녀였어요. 3·1 만세 운동이 일어나고 학생들이 작극적으로 시위에 앞장섰어요.

그러자 일본은 강제로 학교 문을 내렸어요. 유관순은 어쩔 수 없이 고향으로 내려오게 되었고, 천안 아우내 장터에서 만세 시위를 벌여 주며 만세 시위를 적극적으로 주도했어요.

만세 운동을 하다가 일본 군인들에게 체포된 유관순은 온갖 고문을 당하면서도 '대한 독립 만세!'를 외쳤어요.

유관순은 어린 나이임에도 굴하지 않고 당당하게 맞서는 독립운동가로 기억되고 있어요.

① 제헌절은?

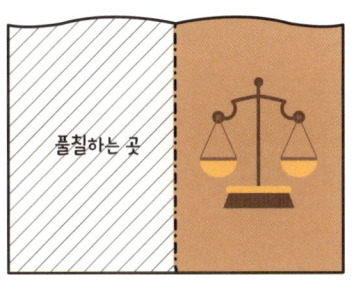
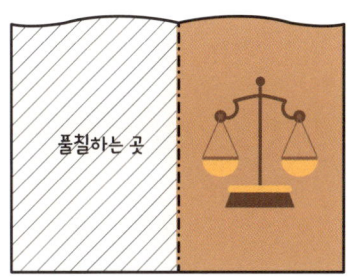

대한민국의
헌법을
처음 발표한 것을
기념하는 날

'제헌'은
법을 만든다
라는 뜻

공휴일은 아니지만
국경일이라는 걸
꼭 기억해!

7월 17일
제헌절은
태극기 다는 날

제헌절
오려 붙이기 자료

★ 만드는 방법

1. 사각형을 두 번 접었다 펴기
2. 반을 접어 삼각형 만들기
3. 양 꼭짓점 가운데로 모아 안으로 접기

제헌절
풀칠하는 곳

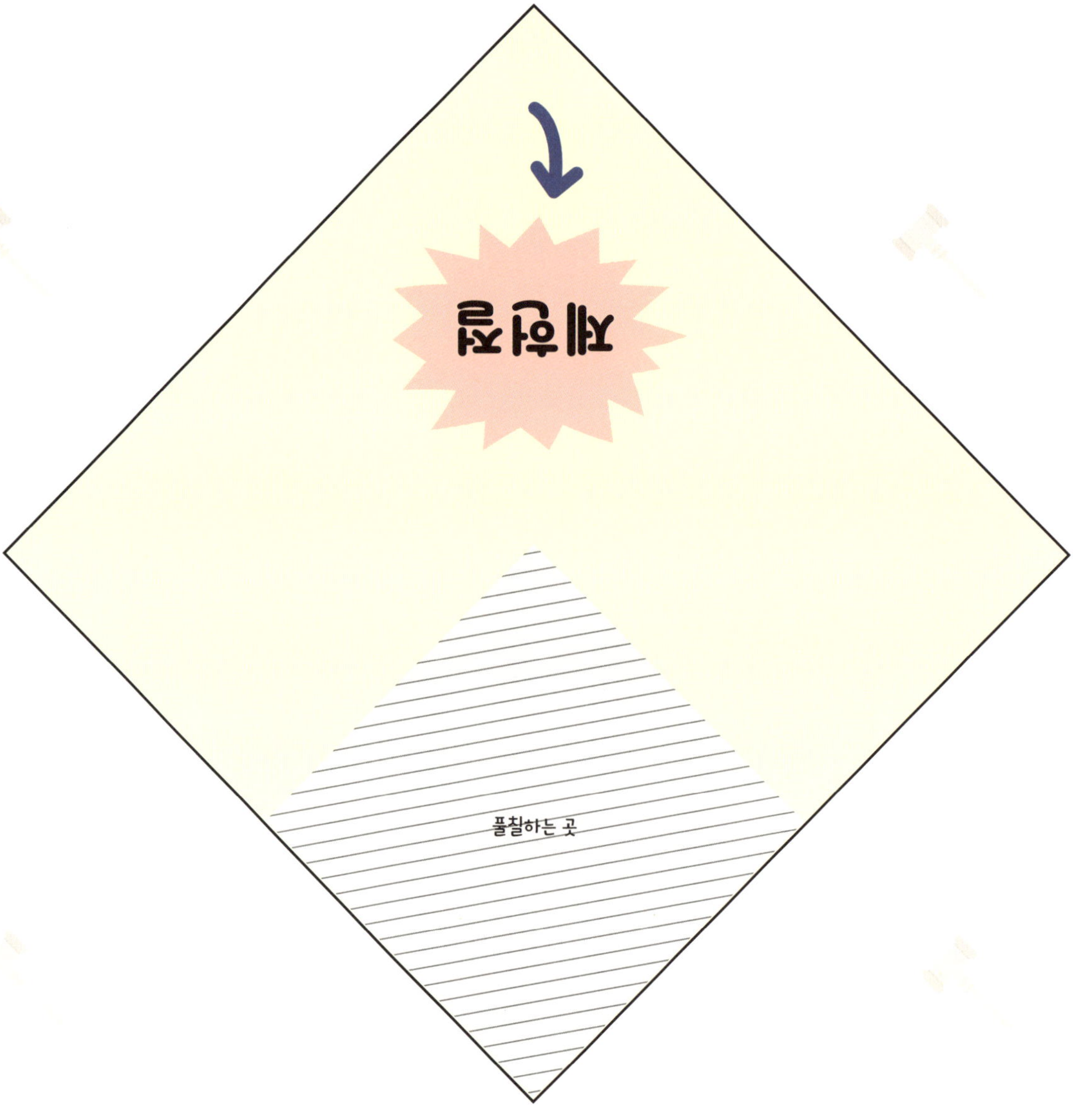

① 헌법은 기본법이자 최고법!

규칙 / 풀칠하는 곳

조례 / 풀칠하는 곳

명령 / 풀칠하는 곳

법률 / 풀칠하는 곳

☆ 헌법 ☆ / 풀칠하는 곳

헌법의 기본권 5가지!

1. 평등권 — 법을 누구나 공평하게 적용 받을 권리
2. 자유권 — 자유롭게 생각하고 행동할 수 있는 권리
3. 참정권 — 국가의 정치 과정에 참여할 수 있는 권리
4. 청구권 — 권리가 침해 됐을 때 구제 받을 수 있는 권리
5. 사회권 — 인간 답게 살 수 있도록 국가에 요구할 수 있는 권리

★ 참고

헌법의 기본권 5가지를 오린 후, 주머니 속에 넣어요.

② 7월 17일, 제헌절 좀 더 알아볼까?

1948년 7월 12일
대한민국의 첫 헌법이 제정된 날

1948년 7월 17일
이승만 국회 의장이 대한민국 헌법을 알린 날

조선 왕조와 이어진 뿌리
7월 17일은 조선 왕조의 건국일

② 헌법의 탄생까지!

첫 번째 국회에서 헌법의 탄생까지!

① 번 붙이는 곳

1945년 8월 15일, 일본의 항복과 함께 우리나라는 광복을 맞이했어요.
하지만 우리나라는 독립된 국가로 자리 잡지 못하고 소련과 미국의 통치와 간섭을 받으며 분단국가가 되었어요.

② 헌법의 탄생까지!

②번 붙이는 곳

통일된 하나의 정부를 수립하기 위한 논의는 계속되었지만 결국 1945년 5월 10일, 남한만 참여하는 총선거를 실시했어요.
그리고 남한만의 총선거로 선출된 국회 의원이 모여 국회를 구성했어요.

③번 붙이는 곳

1948년 7월 12일, 만든 헌법이 국회에 통과되면서 헌법이 제정되었어요.
그리고 같은 해 7월 17일, 이승만 국회 의장이 헌법을 국민에게 발표했어요.

③ 법이 만들어지는 곳, 국회

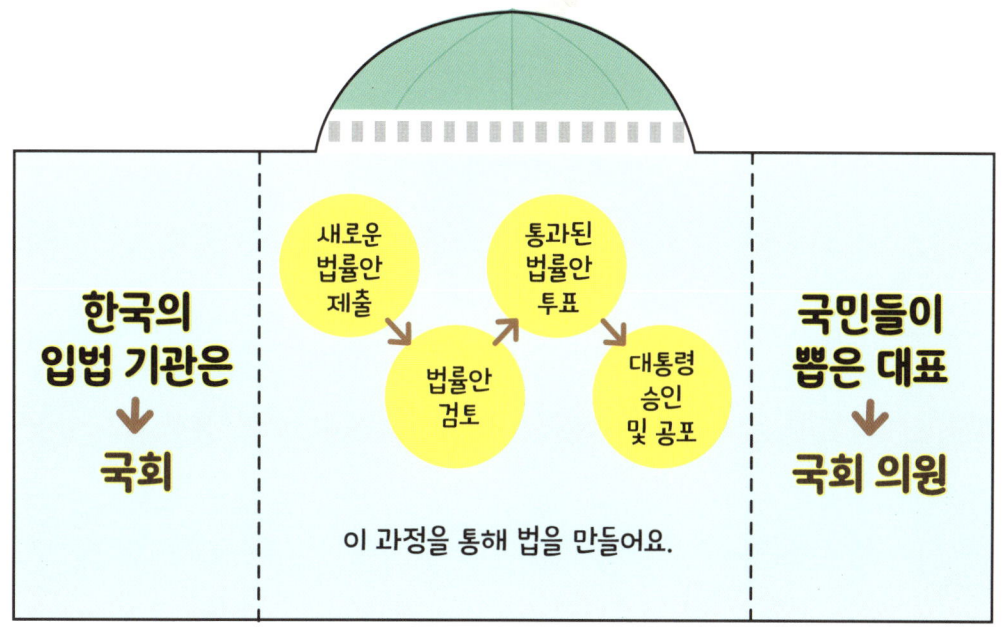

한국의
입법 기관은
↓
국회

새로운 법률안 제출 → 법률안 검토 → 통과된 법률안 투표 → 대통령 승인 및 공포

국민들이
뽑은 대표
↓
국회 의원

이 과정을 통해 법을 만들어요.

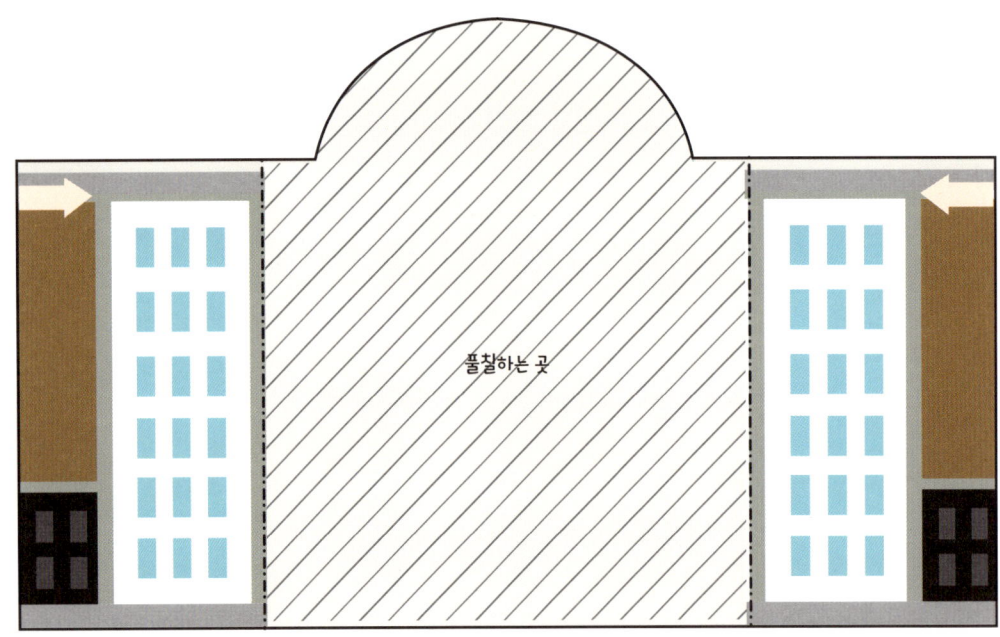

③ 국회가 하는 일을 알아보아요!

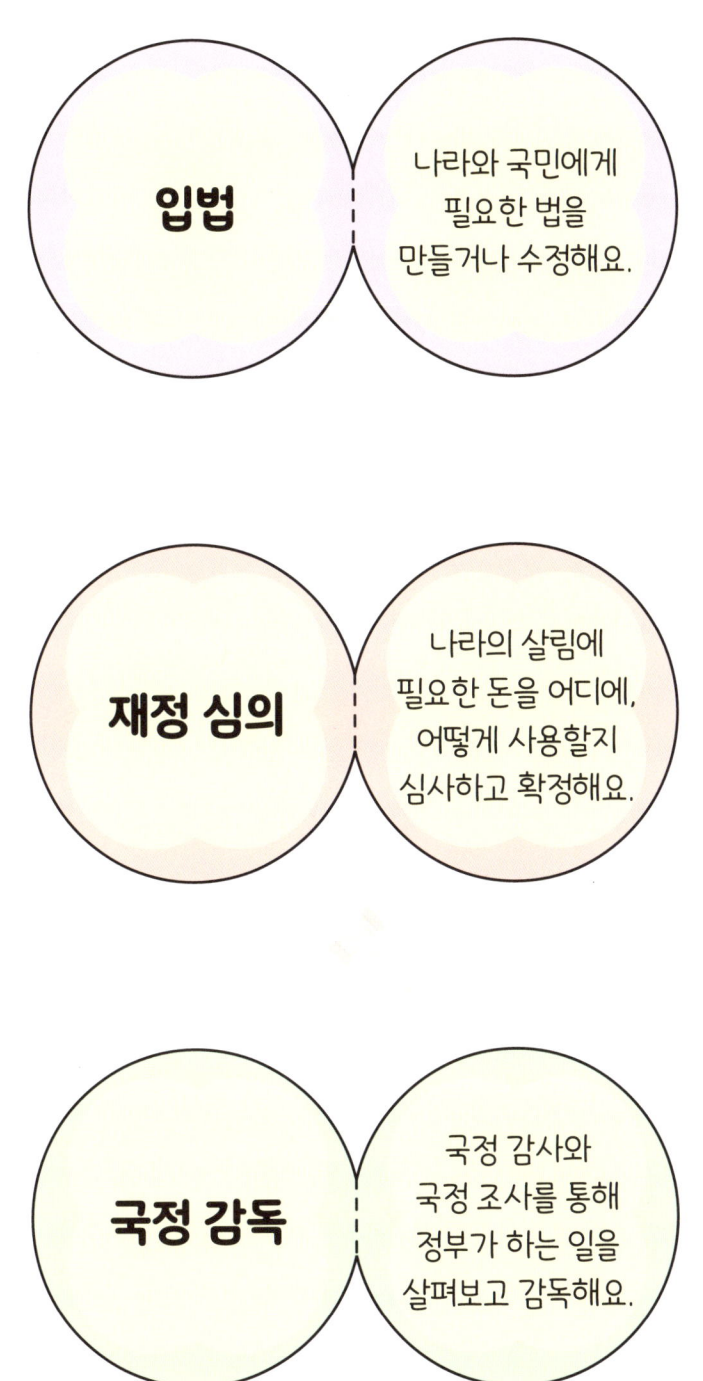

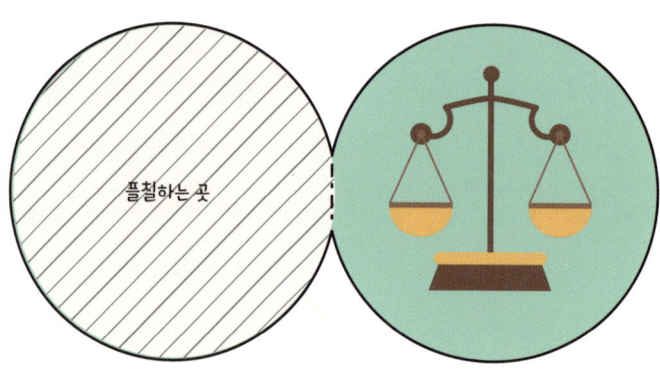

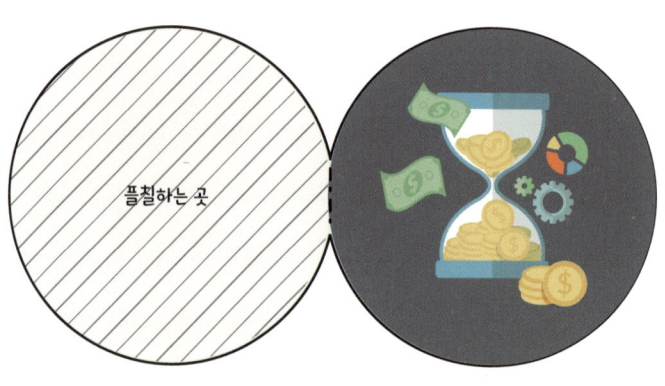

① 광복절은?

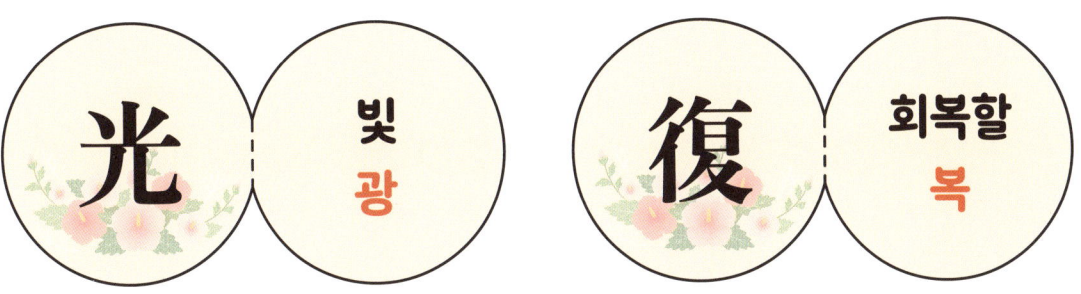

光 — 빛 광
復 — 회복할 복

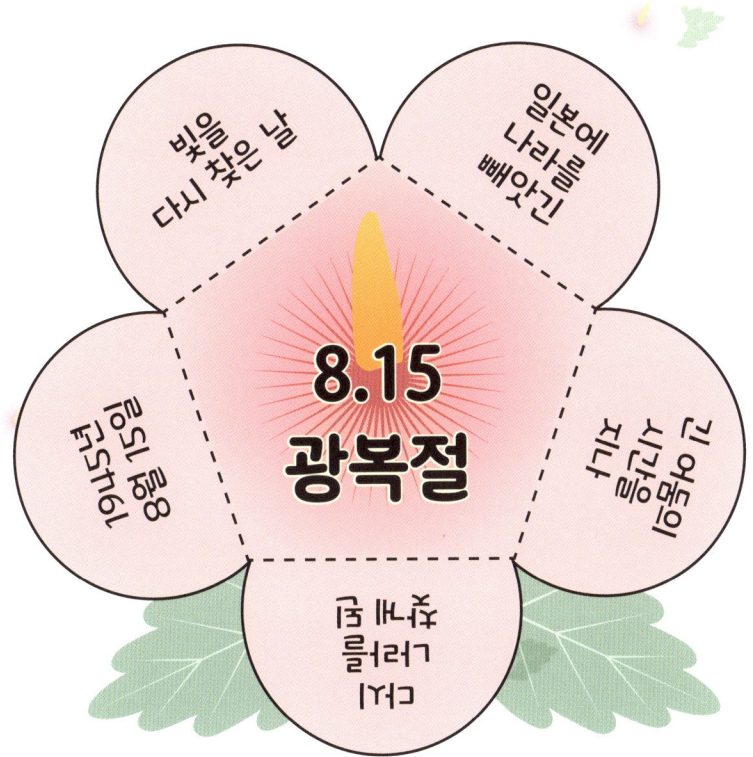

- 빛을 다시 찾은 날
- 일본에 나라를 빼앗긴
- 1945년 8월 15일
- 8.15 광복절
- 나라의 광복을 기념
- 나라에 큰 경사를 드러내는 날

★ 참고

점선을 따라 꽃잎을 차례대로 접은 후, 마지막 꽃잎은 잎 사이에 끼워 넣기

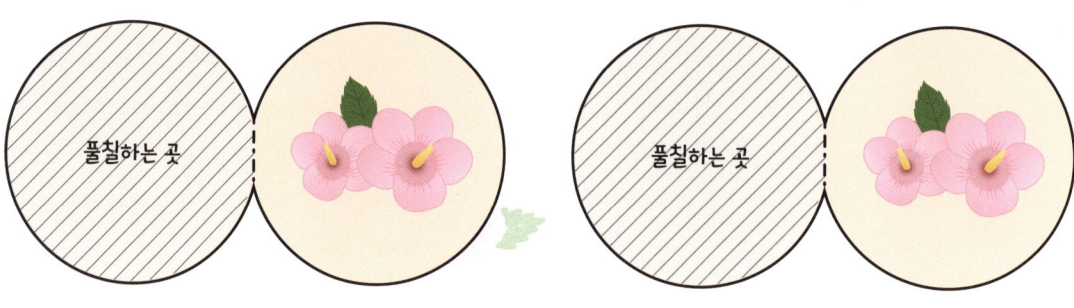

① 1910~1945년은 일제 강점기였어!

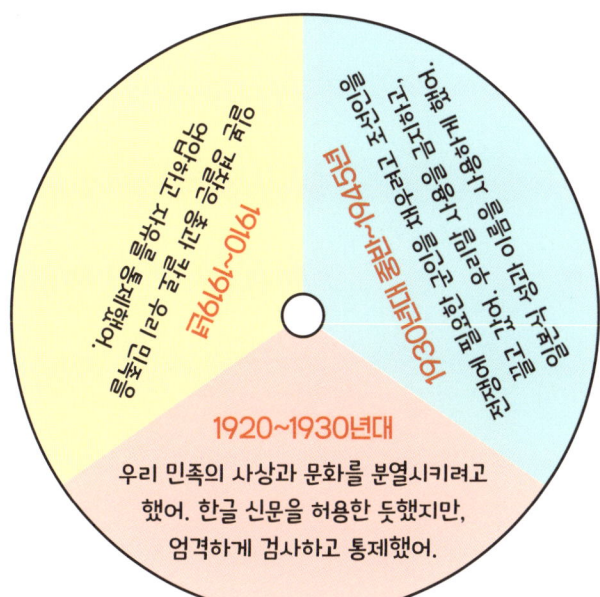

1910 ~ 1919년

1920 ~ 1930년대

1930년대 중반 ~ 1945년

〈종이 핀〉

★ 만드는 방법
1. 가운데 구멍은 칼로 뚫기
2. ①번 원판 위에 ②번 판 놓기
3. 원판 2개의 구멍을 맞춰 활동판 위에 놓은 후, 위에서 아래로 종이 핀 꽂기

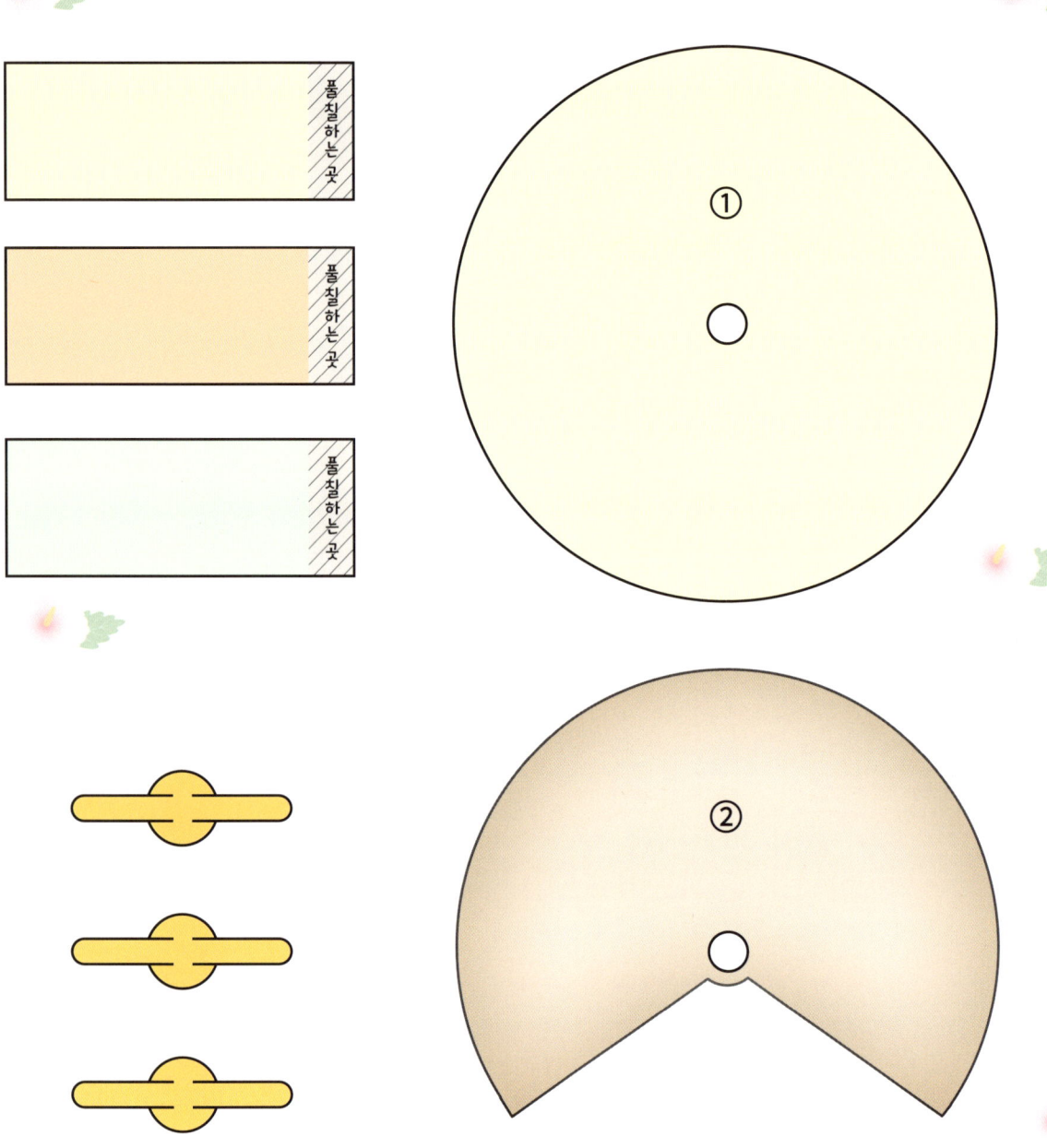

② 빛을 찾기 위한 우리 민족의 노력

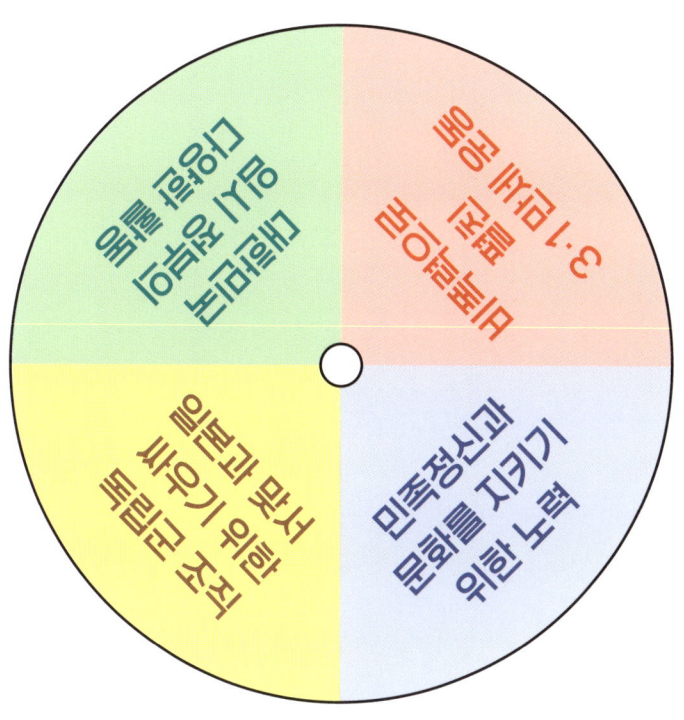

독립군을 조직하여
일본에 맞서다!

비폭력 항일 운동으로
전 세계에 알리다!

대한민국 임시 정부는
어떤 활동을 했을까?

우리 민족 문화와 민족정신을
지키기 위한 노력을 펼치다!

〈종이 핀〉

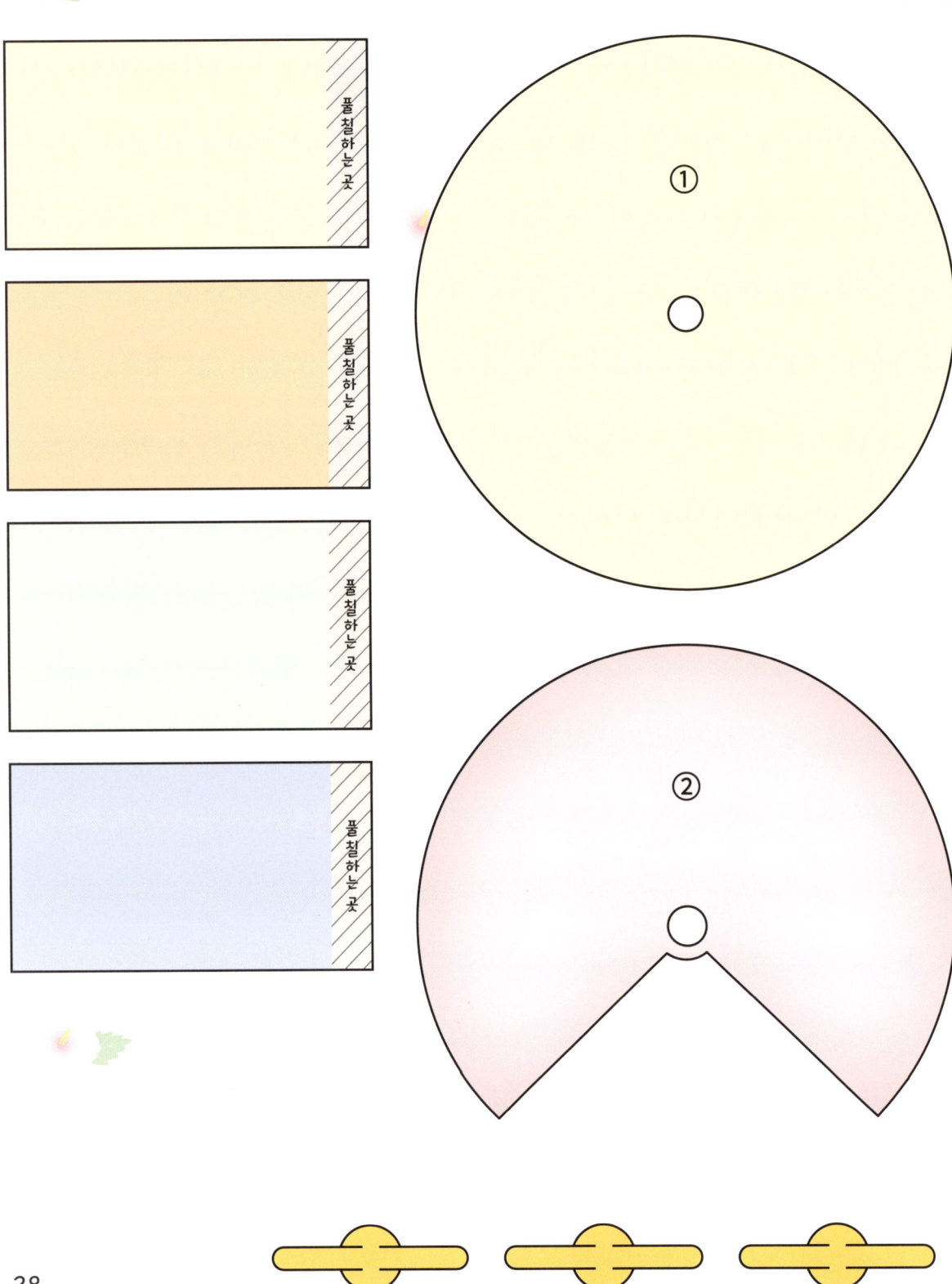

② 광복을 이끈 훌륭한 인물들

백범 김구

대한민국 임시 정부를 이끌며, 비밀 독립 운동 단체 '한인 애국단'을 만들어 자유와 독립을 위해 노력했어요.

안중근

하얼빈에서 이토 히로부미(일본 정치가)를 처단하여 조선의 독립 의지를 세계 여러 나라에 알린 독립 운동가예요.

안창호

대한 독립을 위해 민족의 교육과 배움을 중요하게 생각하고, 대성학교와 같은 민족 교육 기관을 설립했어요.

★ 참고

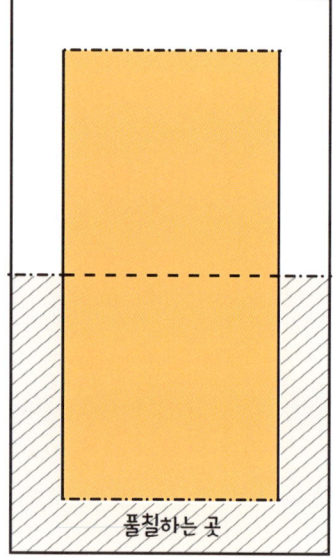 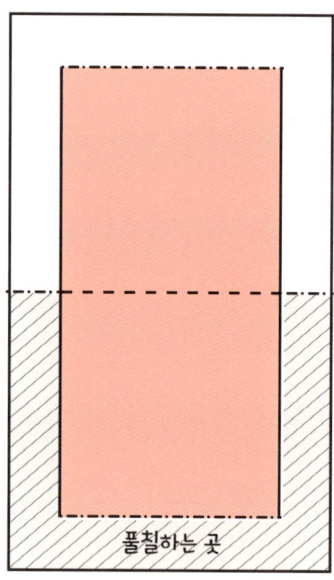 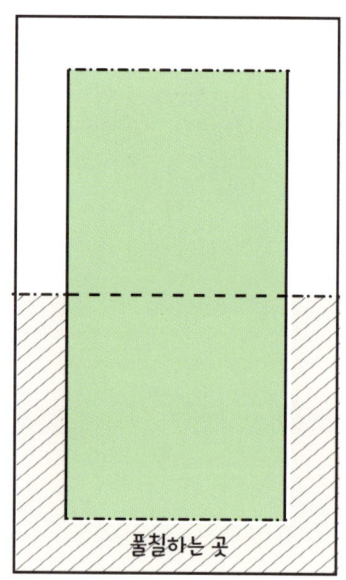

③ 광복절의 2가지 의미

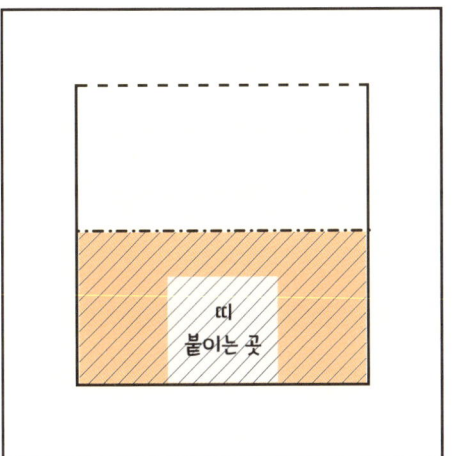  

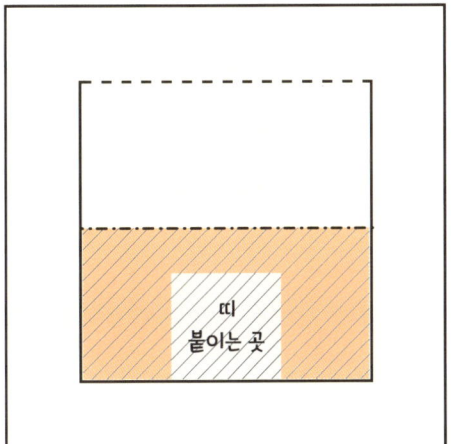  

★ 만드는 방법

1. 도안의 실선대로 오린 후, 점선대로 접었다 펴기
2. 띠 붙이는 곳에 띠를 붙이고, 도안 하단 안쪽으로 접어 넣기
3. 도안 위 '표지 붙이는 곳'에 표지 붙이기
4. 활동판에 완성 자료 붙이기

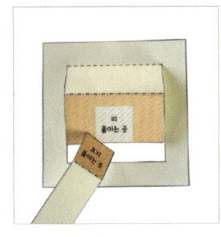  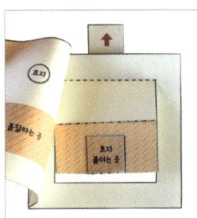  

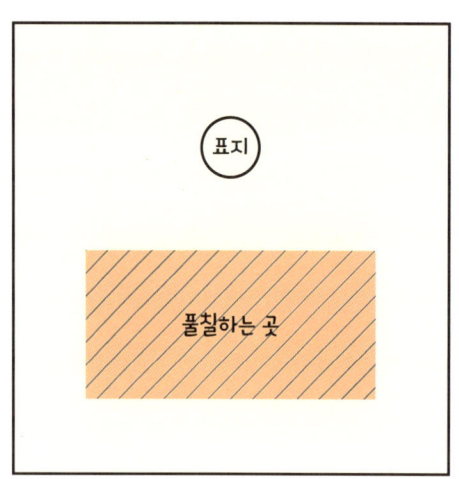
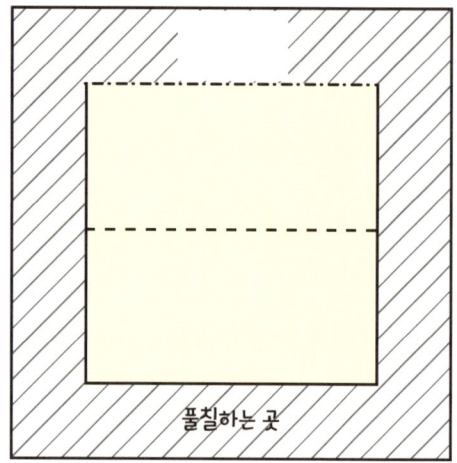

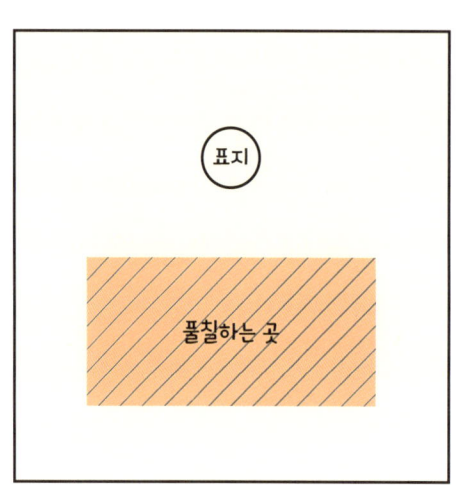
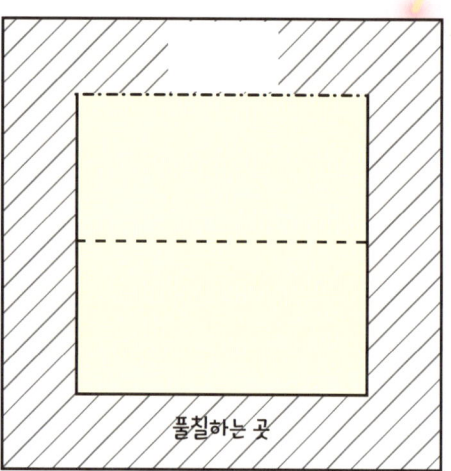

① 하늘이 열린 날, 개천절은?

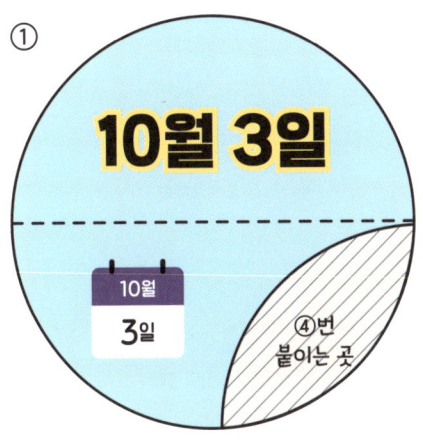

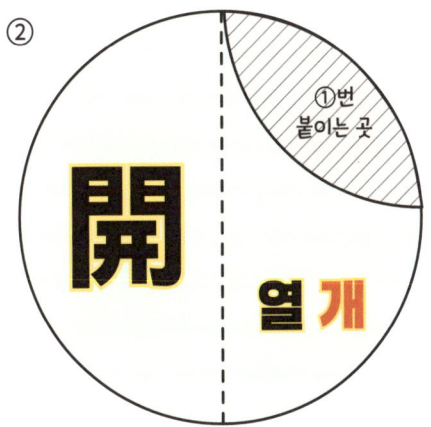

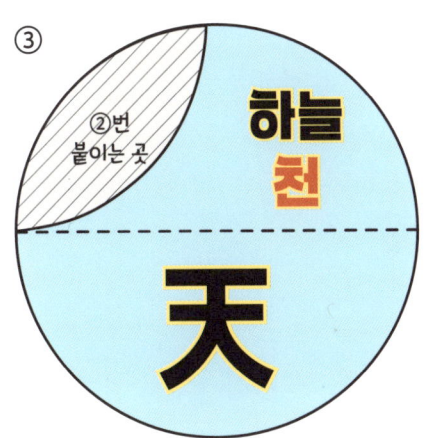

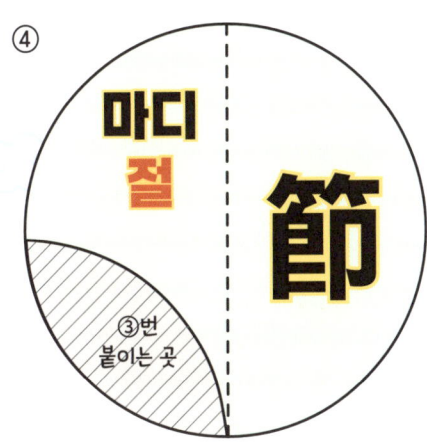

★ 참고

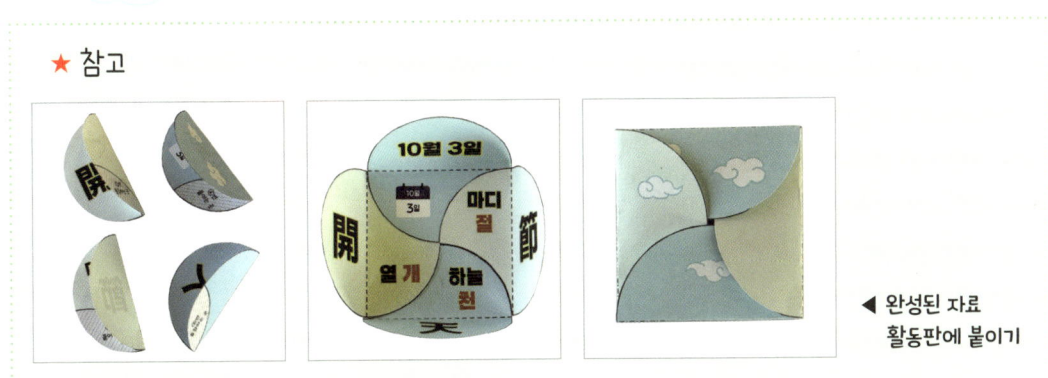

◀ 완성된 자료
활동판에 붙이기

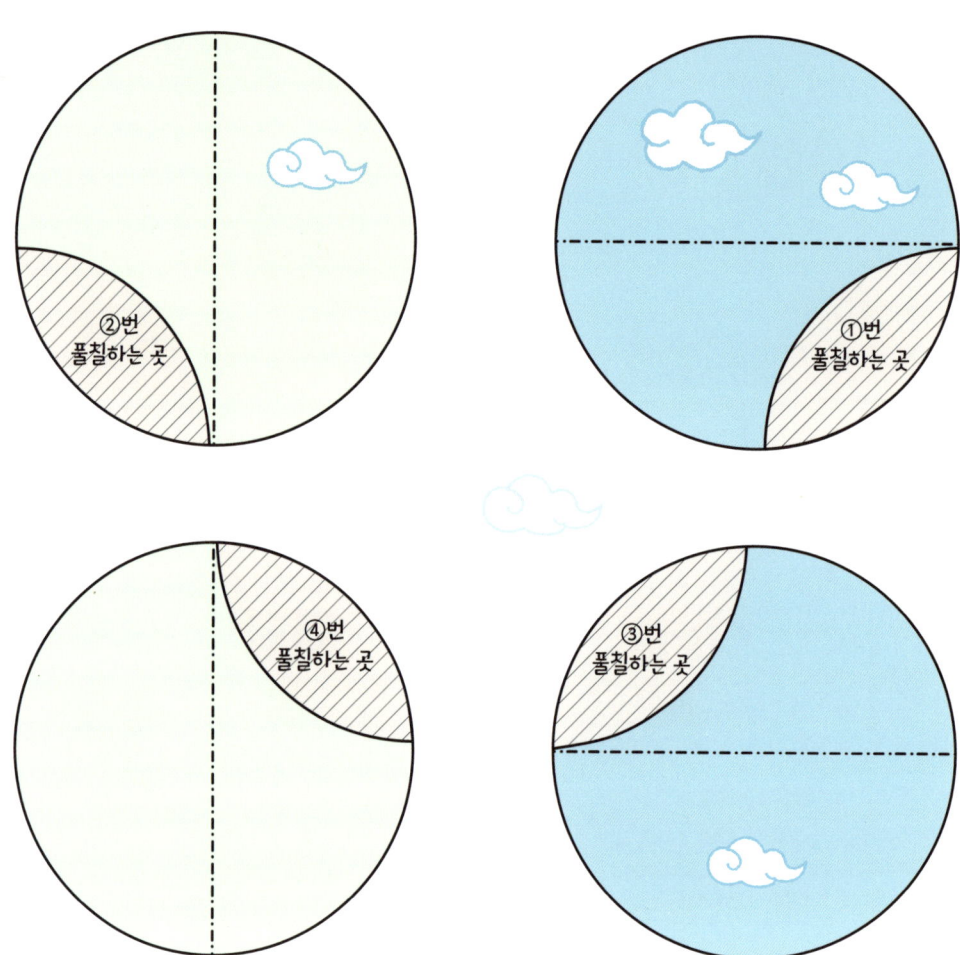

① 그런데 왜 하늘이 열렸다고 하는 걸까?

★ 속지 카드

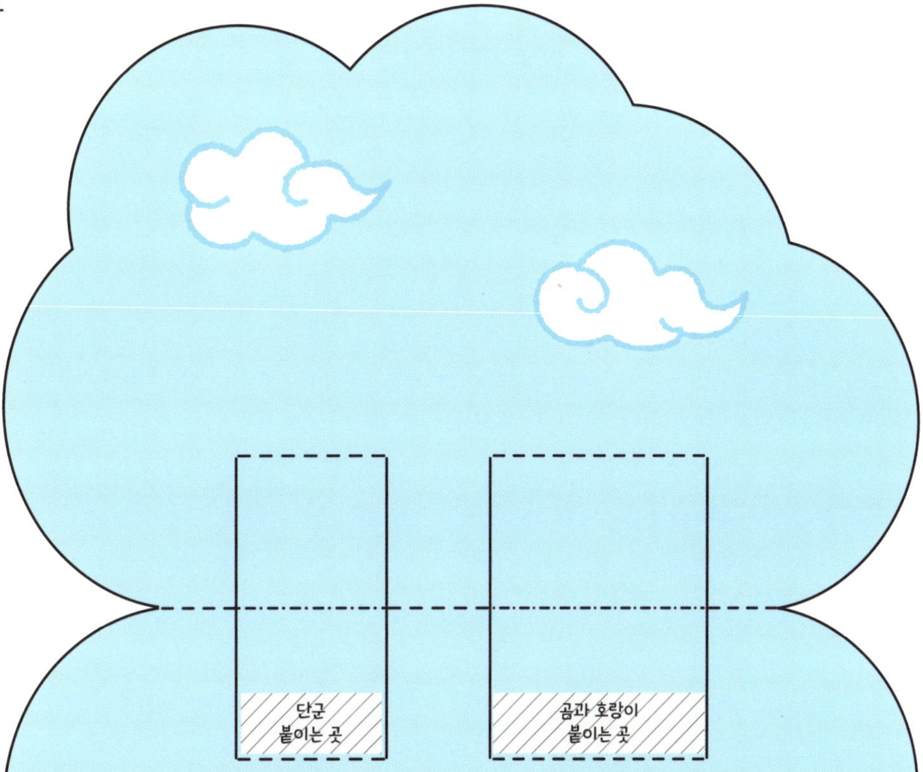

단군
붙이는 곳

곰과 호랑이
붙이는 곳

하늘의 아들인 환웅은 하늘을 열고 인간 세상으로 내려왔어요.
그리고 쑥과 마늘을 먹고 인간으로 변신한 웅녀와 결혼해서 아들을 낳았죠.
이 아들이 바로 우리나라 최초의 국가 고조선을 세운 단군왕검이에요.
고조선 건국 신화는 환웅이 하늘을 열고 내려온 후,
우리 민족의 역사가 시작되었음을 말해 주고 있어요.

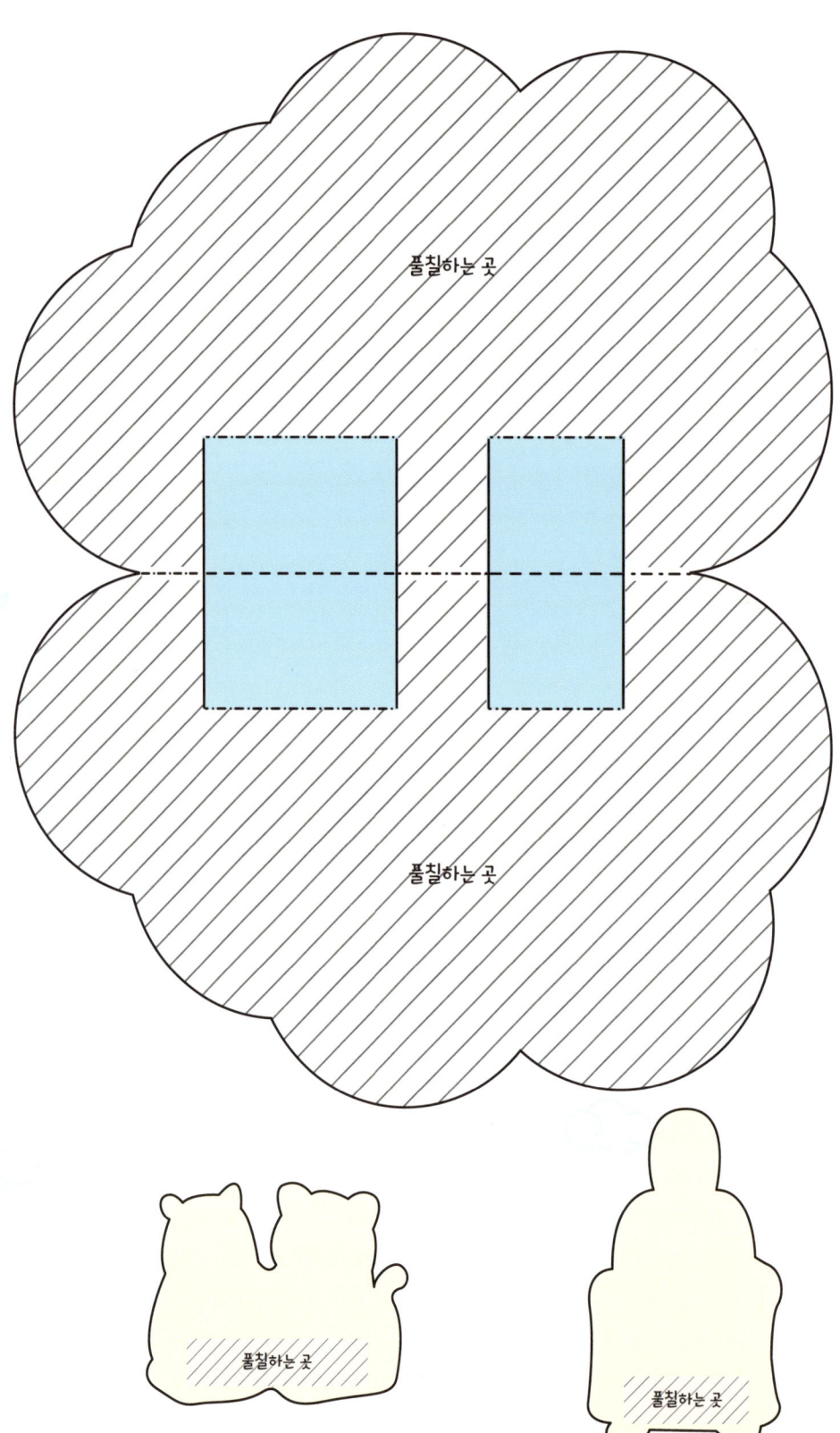

① 그런데 왜 하늘이 열렸다고 하는 걸까?

★ 겉면 카드

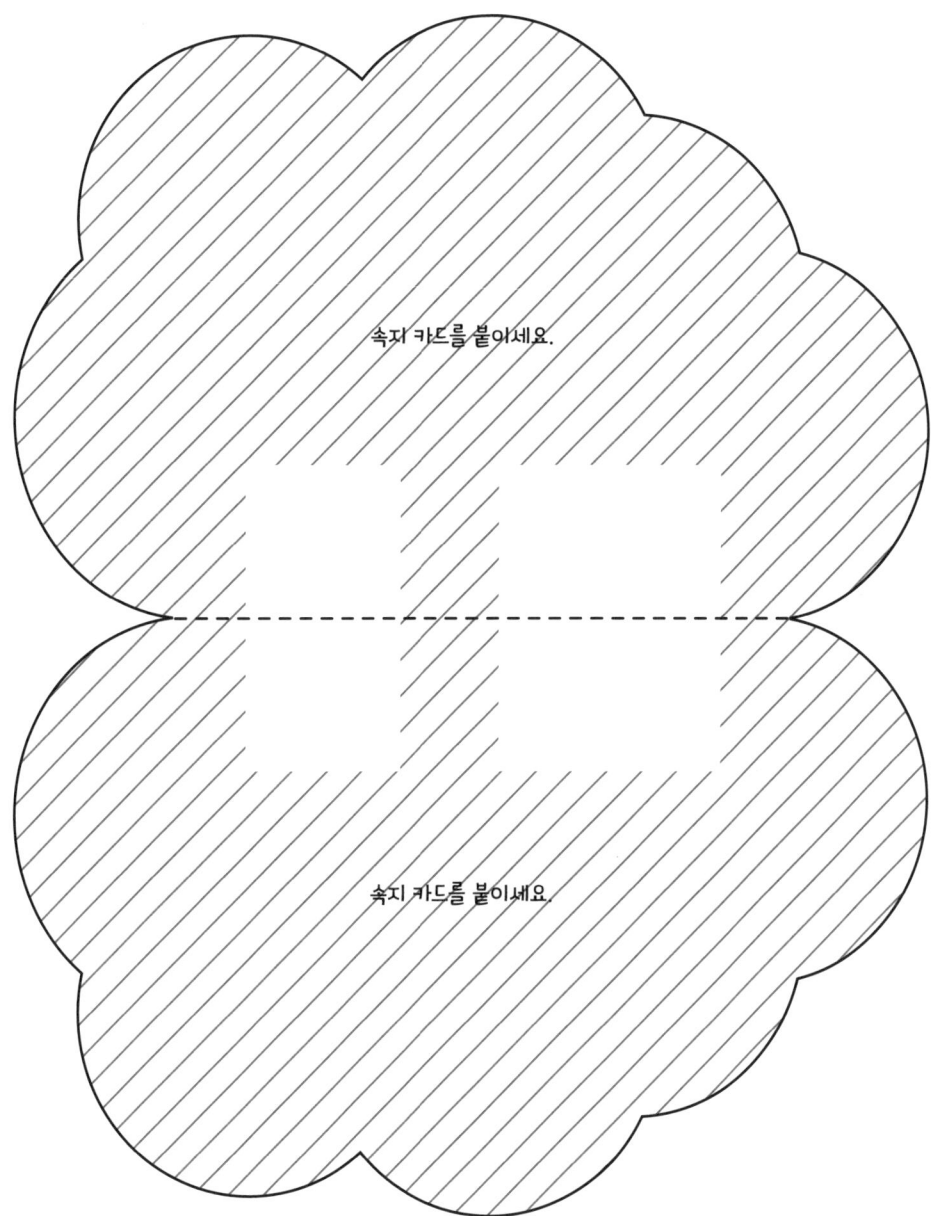

② 우리나라의 건국 신화, 알고 있지?
순서대로 펼치면서 이야기를 읽어 봐!

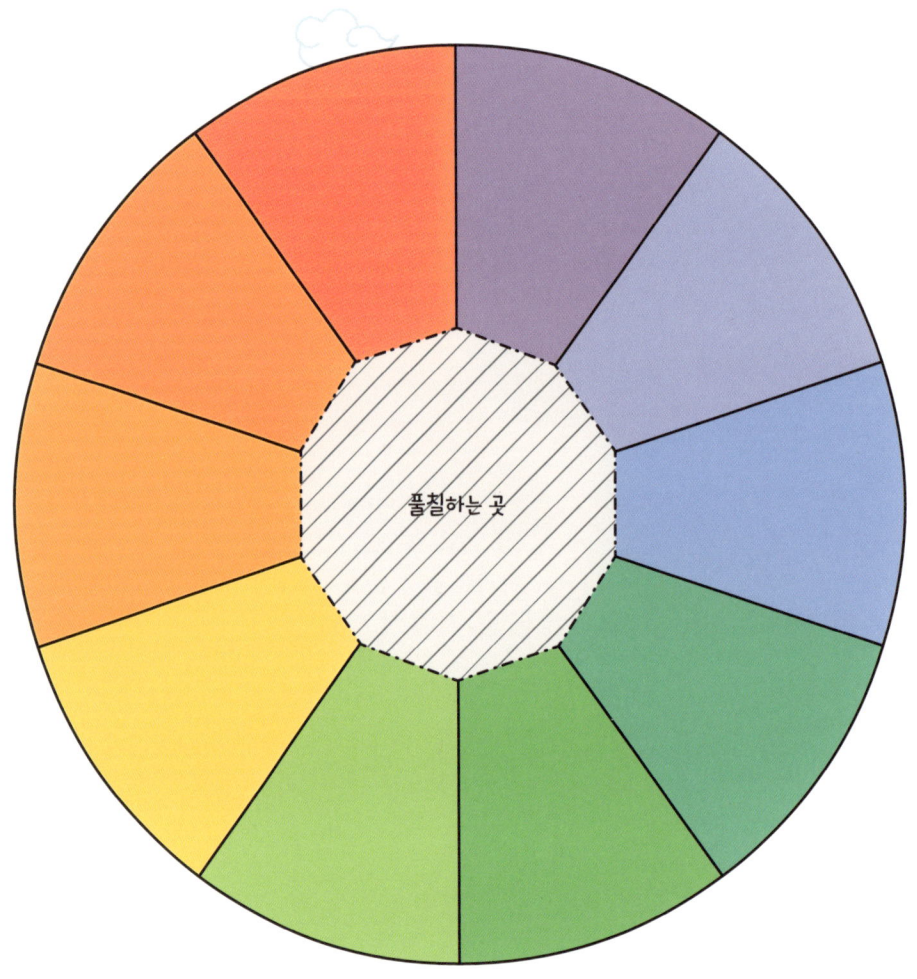

③ 고조선 역사 퀴즈

고조선의 수도는 어디였을까?

고조선은 어떤 법을 만들었을까?

고조선은 어느 시대에 세워졌을까?

고조선의 흔적을 보려면 어디로 가야 할까?

고조선이 등장하는 역사책은?

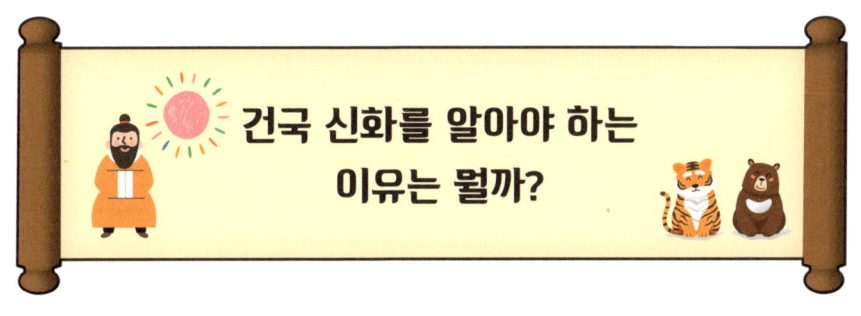

건국 신화를 알아야 하는 이유는 뭘까?

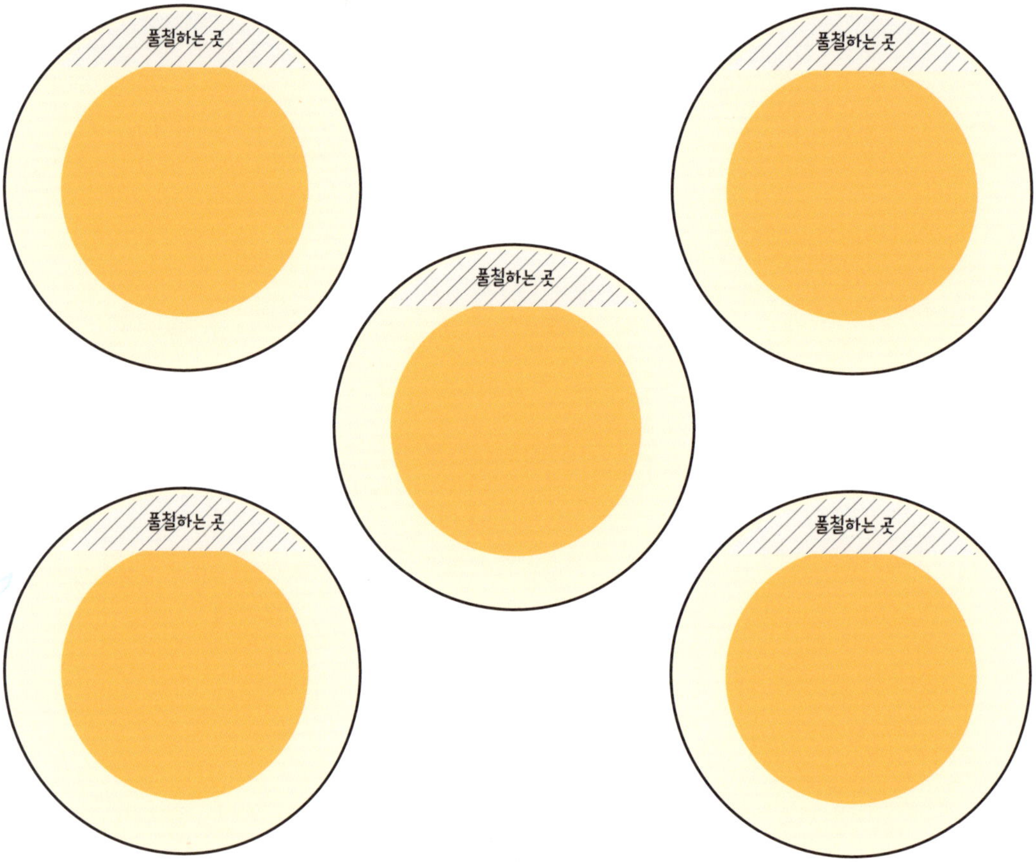
풀칠하는 곳
풀칠하는 곳
풀칠하는 곳
풀칠하는 곳
풀칠하는 곳

풀칠하는 곳

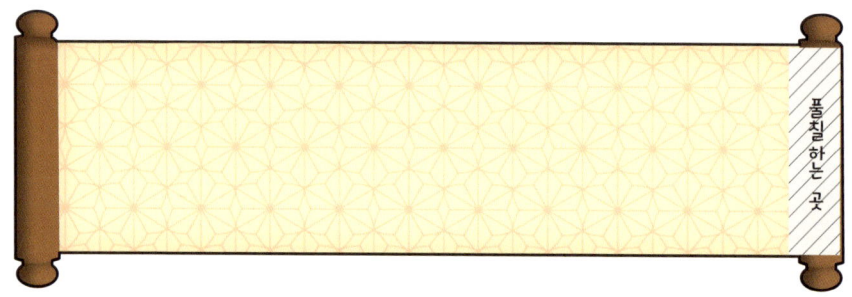

① 한글날은?

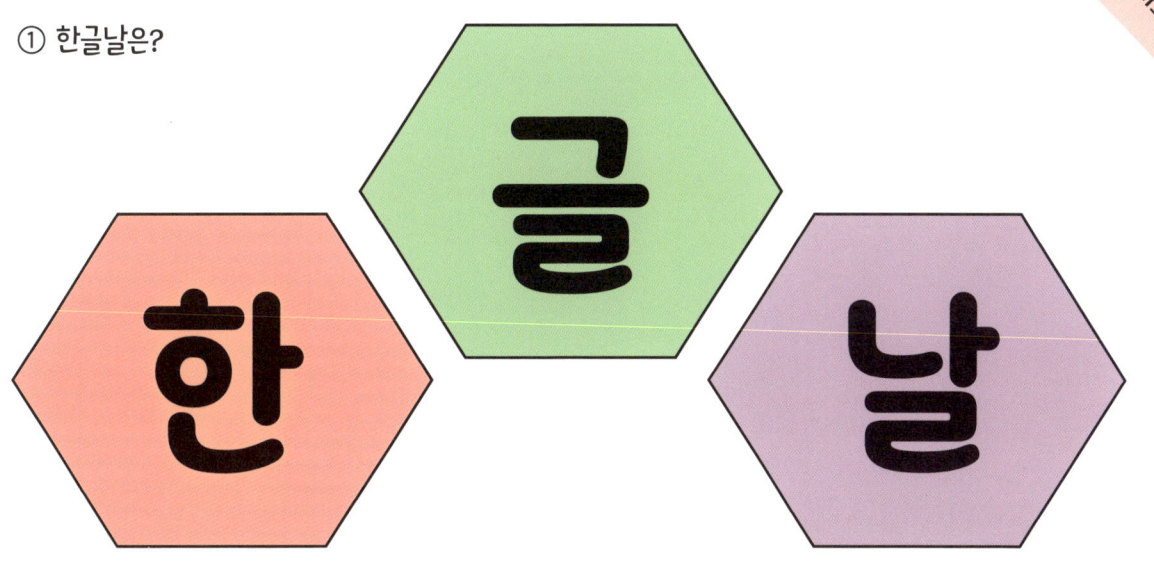

① 훈민정음을 창제한 인물은?

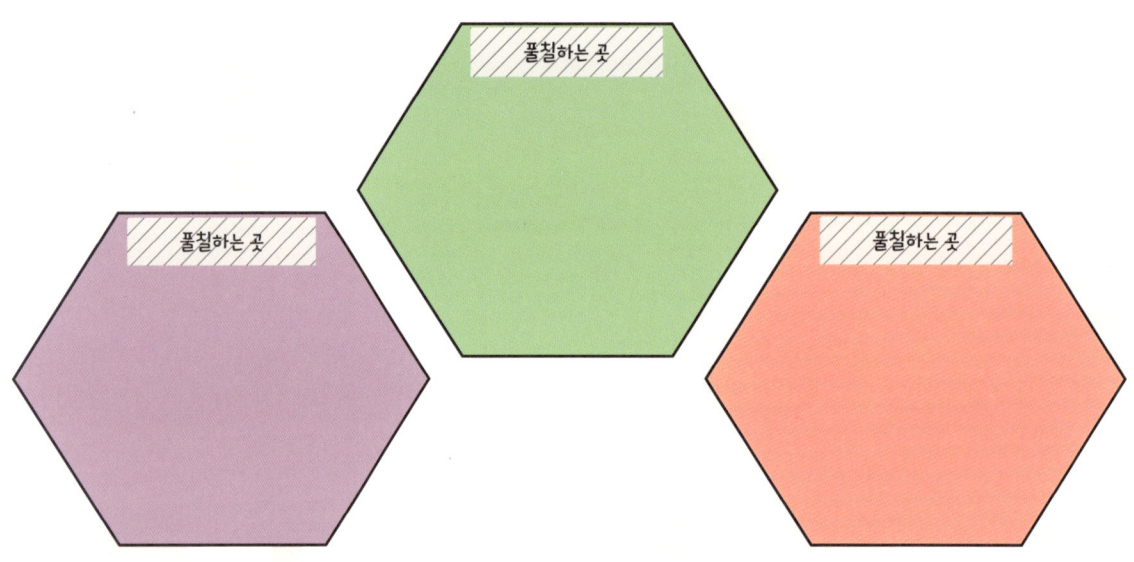
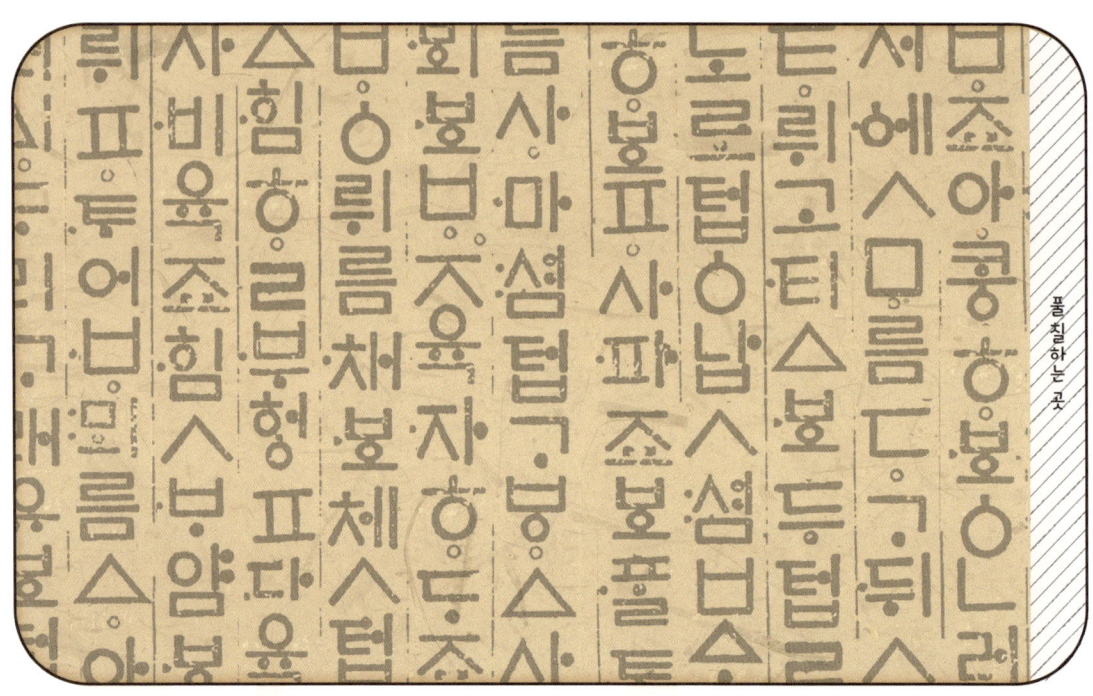

② 훈민정음은?

| 훈민정음 언제 만들었을까? | 훈민정음 몇 글자일까? | 훈민정음 왜 만들었을까? |

② 훈민정음이 위대한 이유

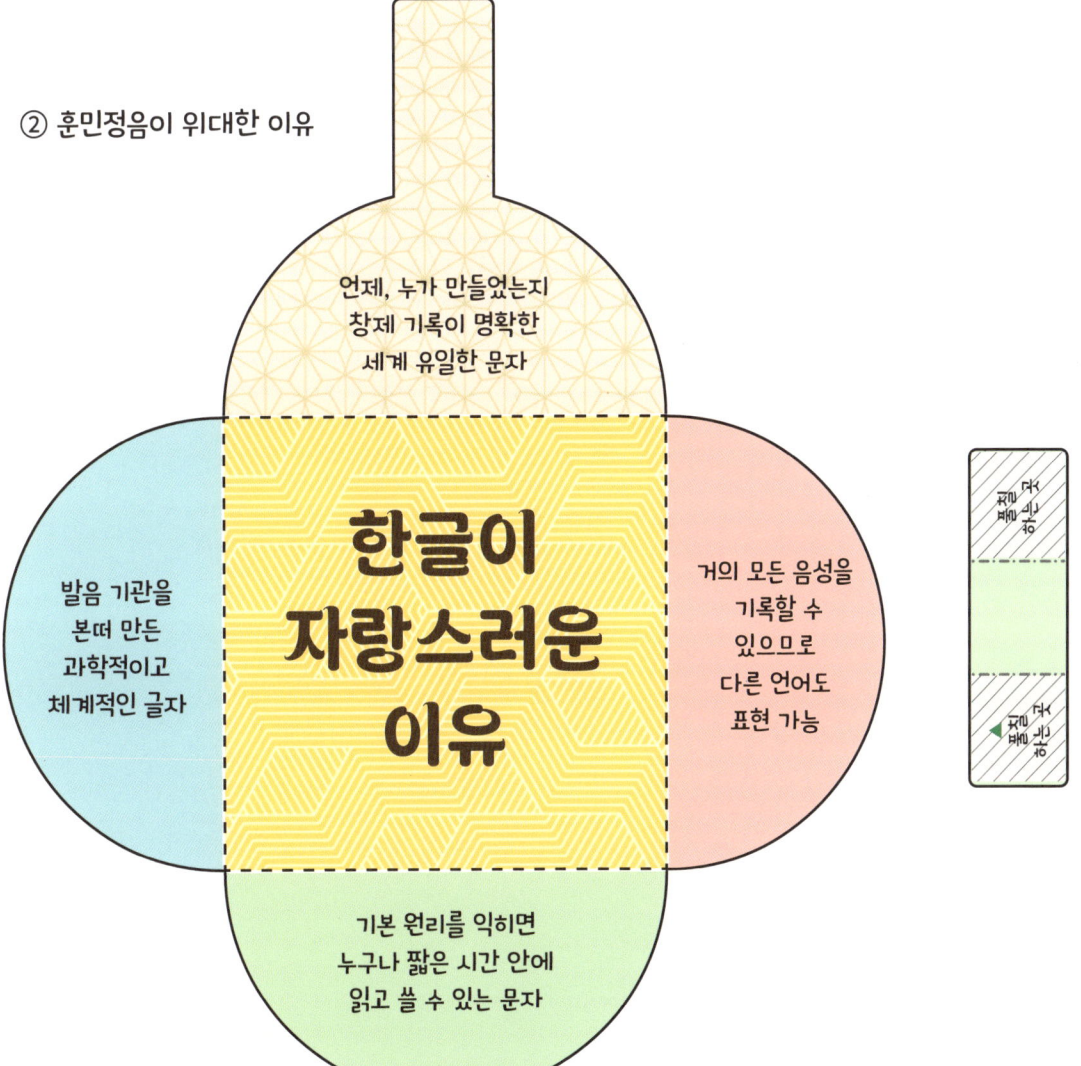

- 언제, 누가 만들었는지 창제 기록이 명확한 세계 유일한 문자
- 발음 기관을 본떠 만든 과학적이고 체계적인 글자
- 한글이 자랑스러운 이유
- 거의 모든 음성을 기록할 수 있으므로 다른 언어도 표현 가능
- 기본 원리를 익히면 누구나 짧은 시간 안에 읽고 쓸 수 있는 문자

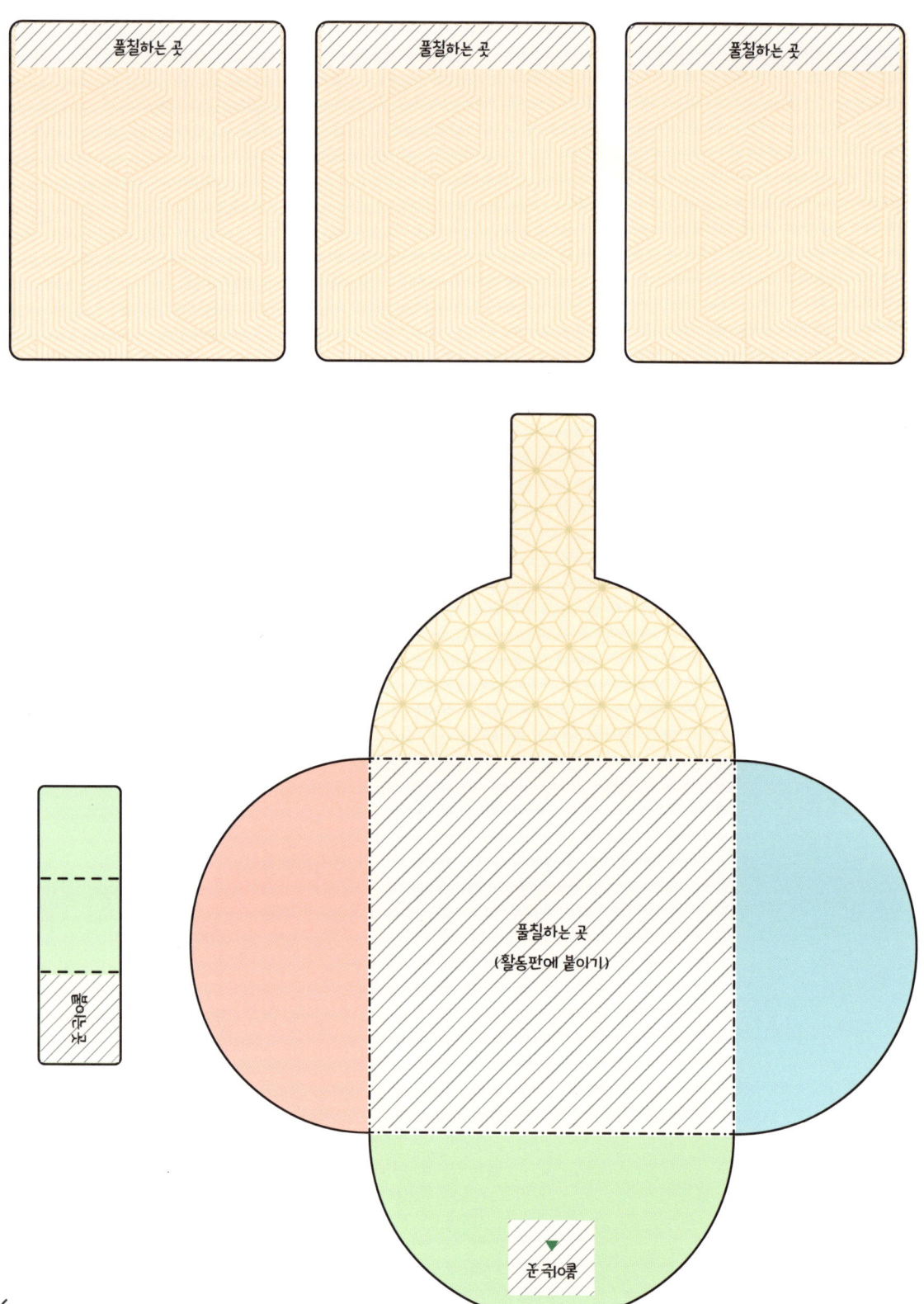

46

③ 훈민정음 해례본? 궁금하면 당겨 봐!

표지 붙이는 곳　　　　　　　　　　　　표지 붙이는 곳
　　　　　　　　　　　　　　　　　　　(활동판에 붙이기)

㉠ 카드 붙이는 곳

㉢ 카드 붙이는 곳
㉡ 카드 붙이는 곳
① 카드 붙이는 곳
표지 카드 붙이는 곳

◀ 이 부분만 점선을 따라 접은 후 뒤로 넘겨 주세요.

★ 만드는 방법

1. 실선대로 오리기
2. ①~④, 표지 붙이는 곳 점선대로 한 번씩 접었다 펴기
3. 파란색 점선 부분만 접어 넘기기
4. 양옆 띠 접어 붙이기
5. ④~①, 표지의 순서대로 카드 붙이기
6. 활동판에 완성 자료 붙이기

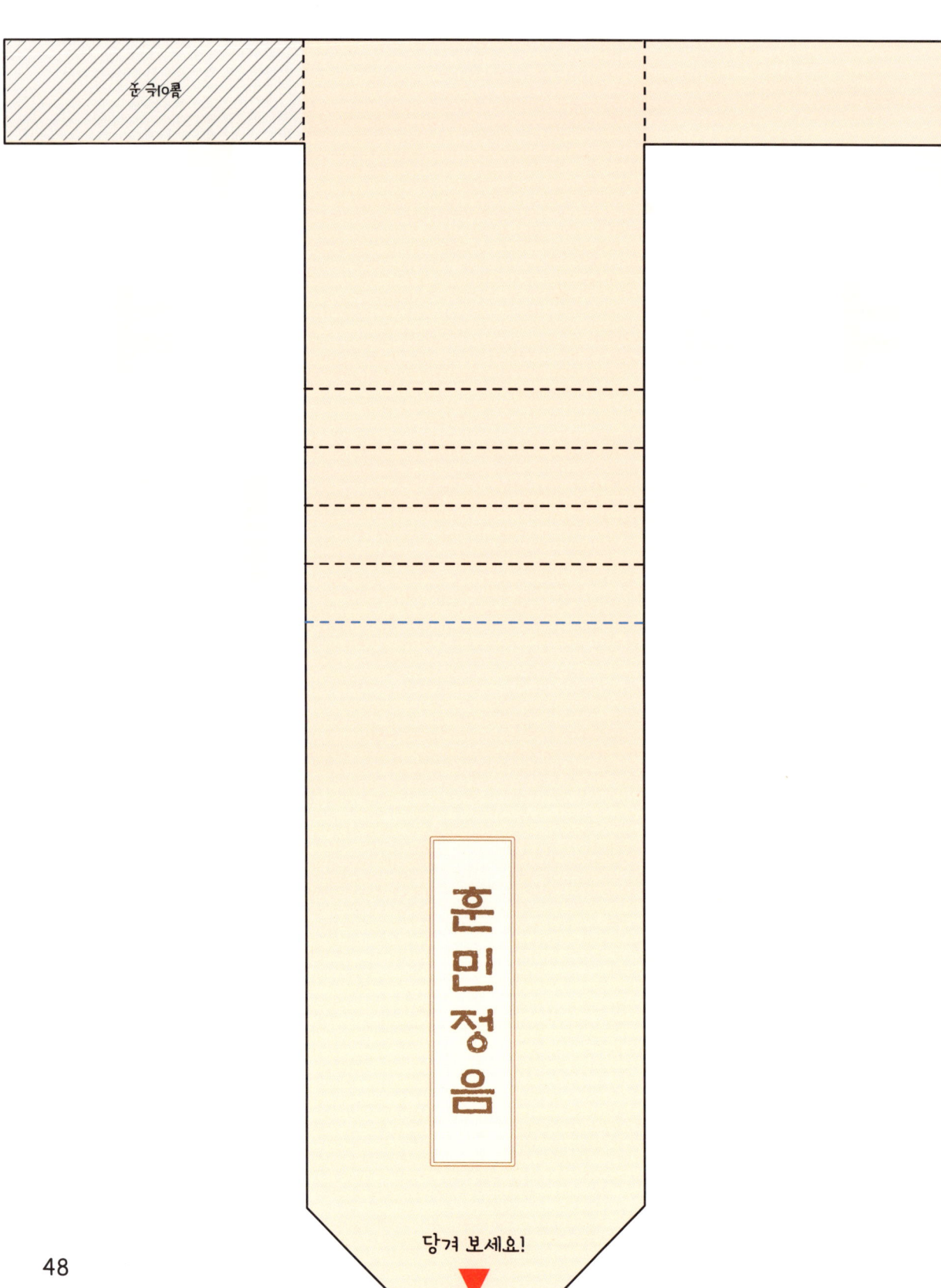

③ 훈민정음 해례본 카드

『훈민정음 해례본』

집현전 학사들이
세종 대왕의 명에 따라
만든 훈민정음의 해설서
(예의본과 해례본으로 나뉨)

훈민정음 해례본

한글의 창제 목적과 원리,
사용법 등이 상세하게
기록되어 있음

해설이 있는 유일한 문자

자음은 발음 기관의 모양을,
모음은 하늘, 땅, 사람의
모양을 본떠 만들었음

과학적인 글자 조합

우수성과 가치를
인정받아 1997년
유네스코
세계 기록 유산으로 지정

유네스코 세계 기록 유산

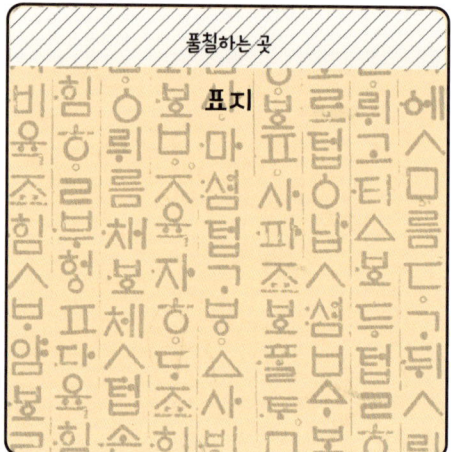
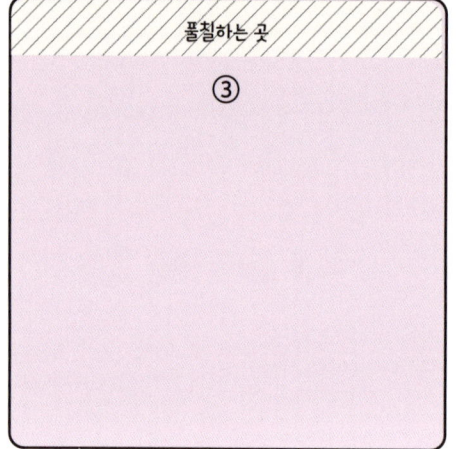

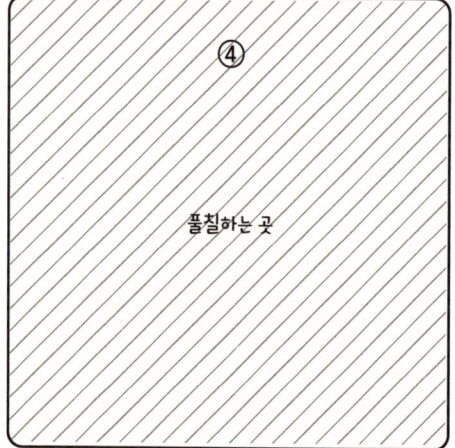

★ ④ → ③ → ② → ① → 표지
순서로 붙여 주세요.

③ 역사 상식 더하기

- 활자란?
- 금속 활자의 장점은?
- 세계 최초 금속 활자?
- 세종대왕 구리 활자?
- 꼭 기억해!

① 현충일은?

| 3월 1일 삼일절 | 6월 6일 현충일 |

7월 17일 제헌절

8월 15일 광복절

10월 3일 개천절

10월 9일 한글날

현충일은 국경일이 아닌 법정 기념일!

5대 국경일 붙이는 곳

법정 기념일 붙이는 곳

현충일 오려 붙이기 자료

53

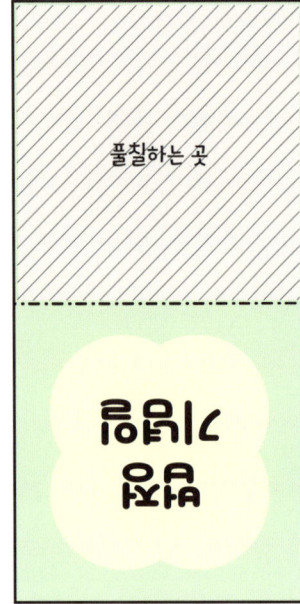
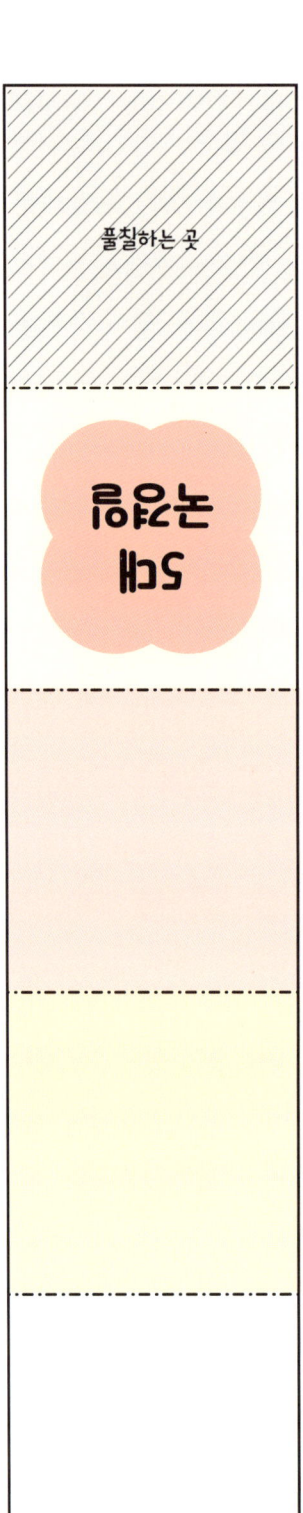
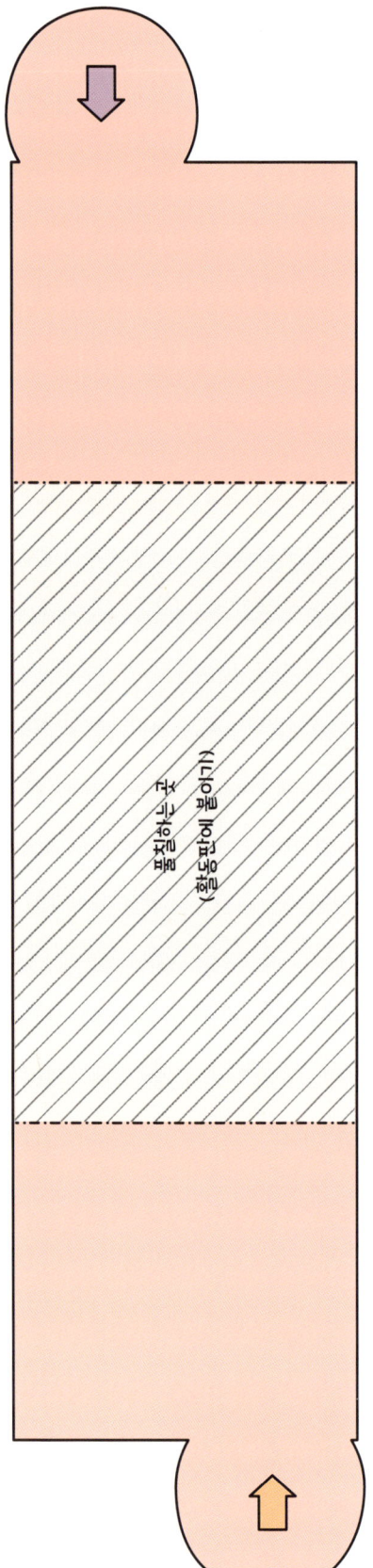

① 현충일은 추모의 날

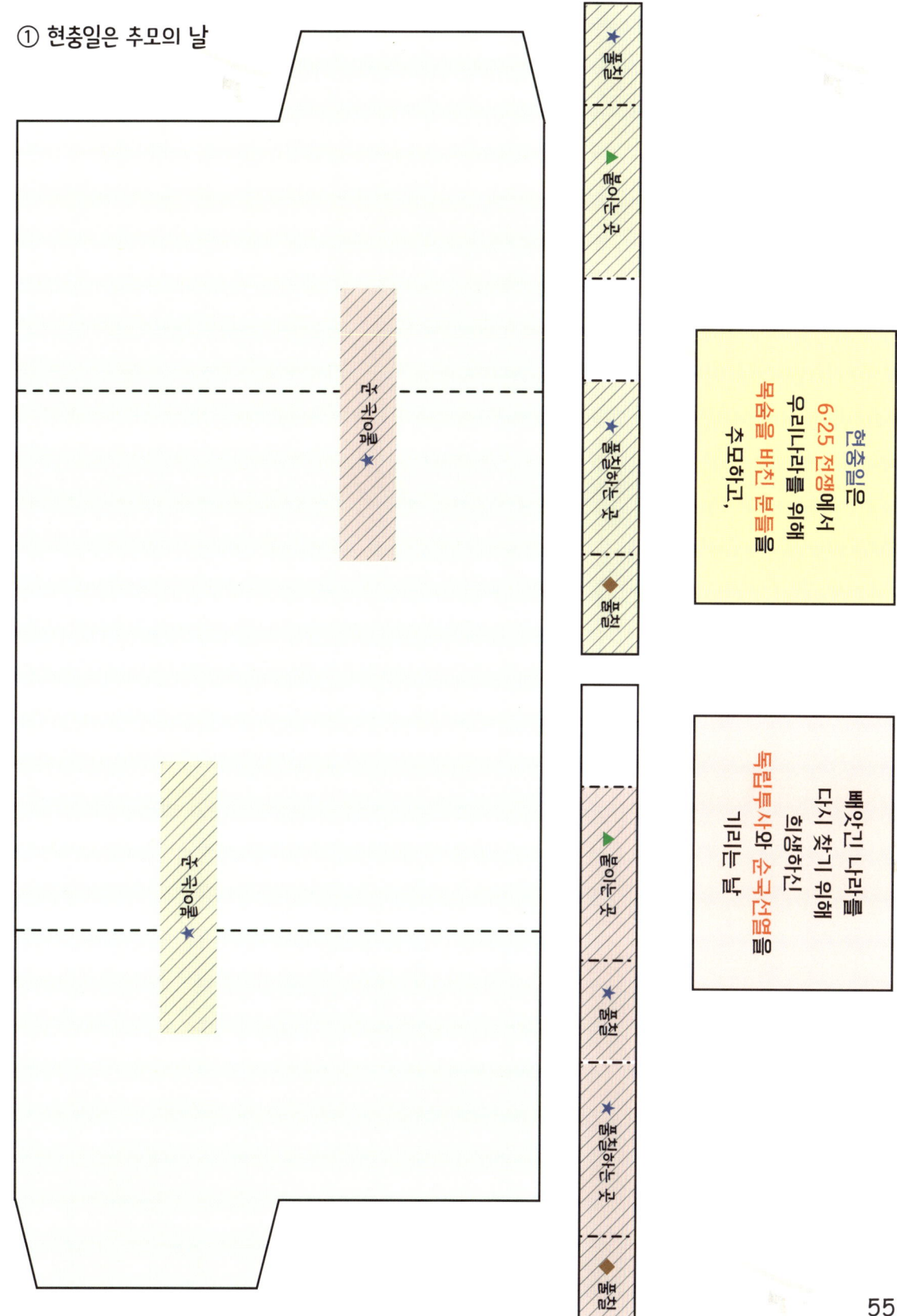

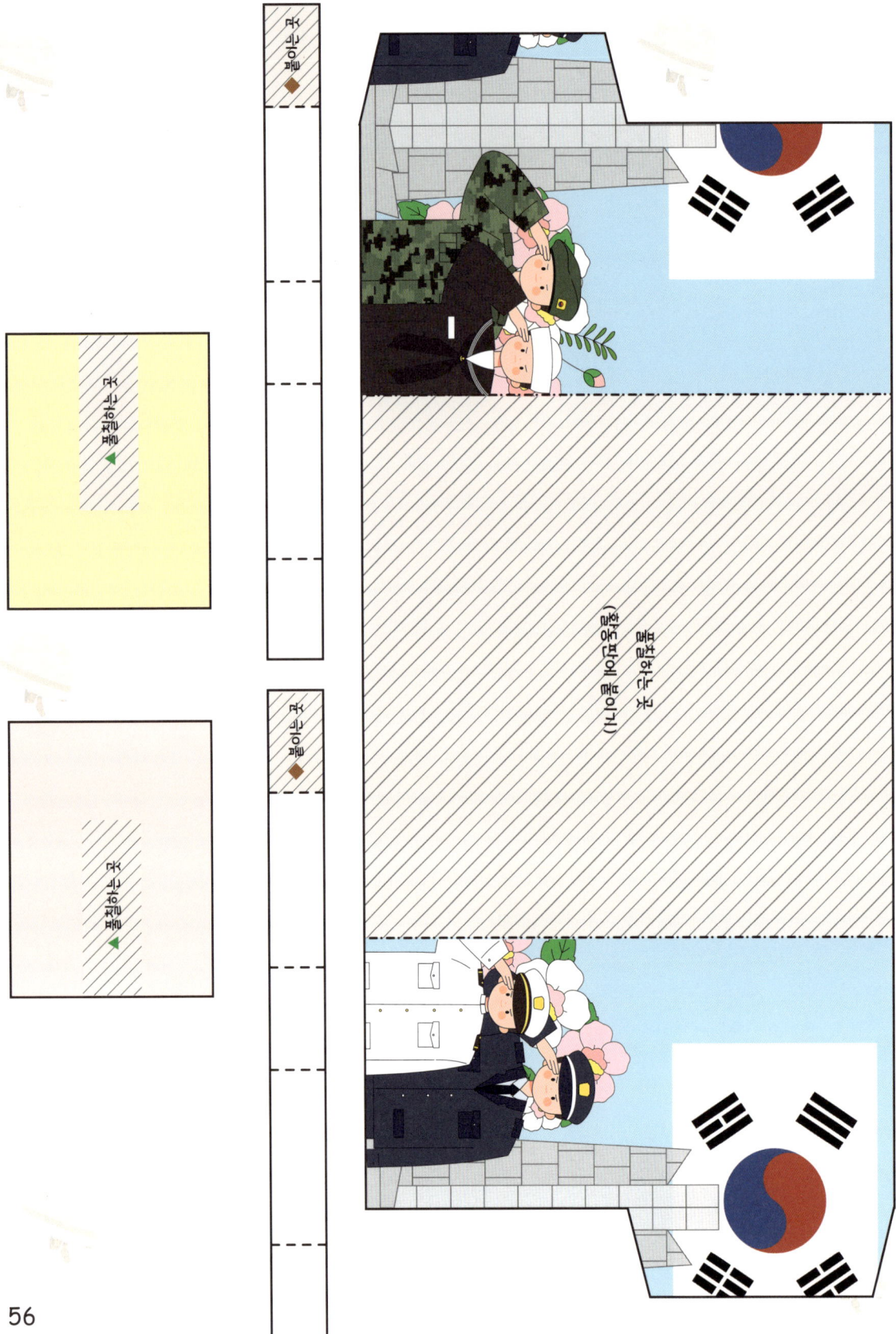

② 6·25 전쟁이 일어나기까지 무슨 일이 있었을까?

★ 참고

붉은 선 부분(———)만 칼로 금을 내어 카드를 끼워 주세요.

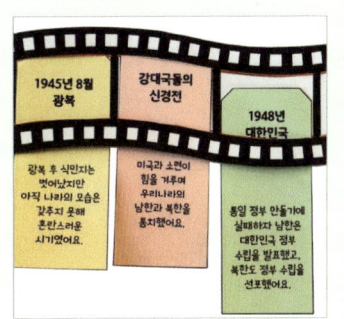

1945년 8월 광복

광복 후 식민지는 벗어났지만 아직 나라의 모습은 갖추지 못해 혼란스러운 시기였어요.

강대국들의 신경전

미국과 소련이 힘을 겨루며 우리나라의 남한과 북한을 통치했어요.

1948년 대한민국 정부 수립

통일 정부 만들기에 실패하자 남한은 대한민국 정부 수립을 발표했고, 북한도 정부 수립을 선포했어요.

1950년 6월 6·25 전쟁

북한은 소련의 지원을 받아 1950년 6월 25일 새벽 남한을 침략했어요. 3년이나 이어진 가슴 아픈 전쟁이었어요.

② 6월 6일 현충일은 조기 게양

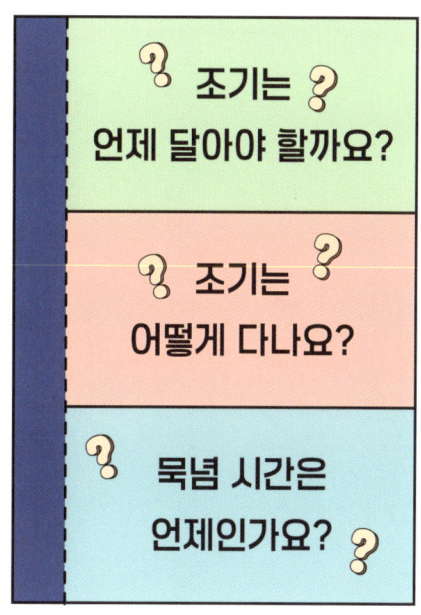

③ 현충일 관련 단어 알아보기

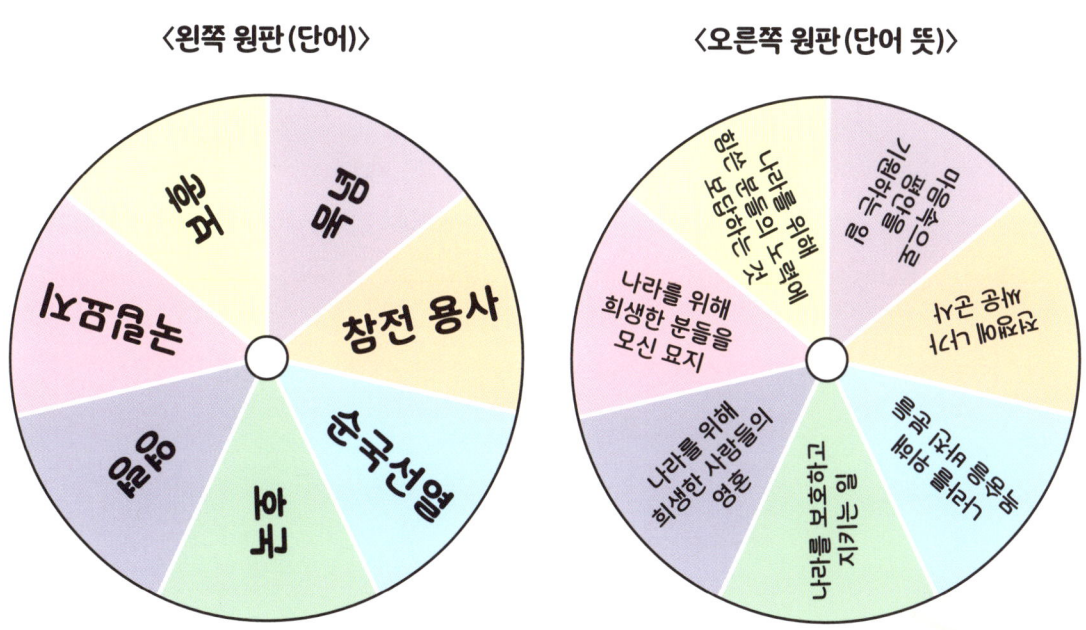

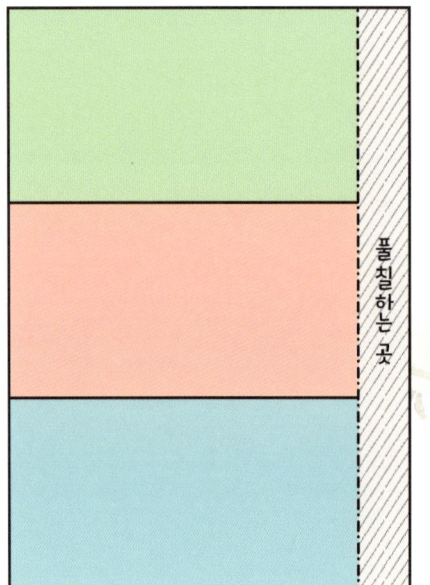
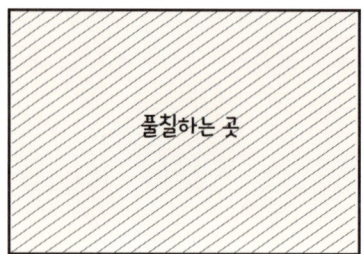
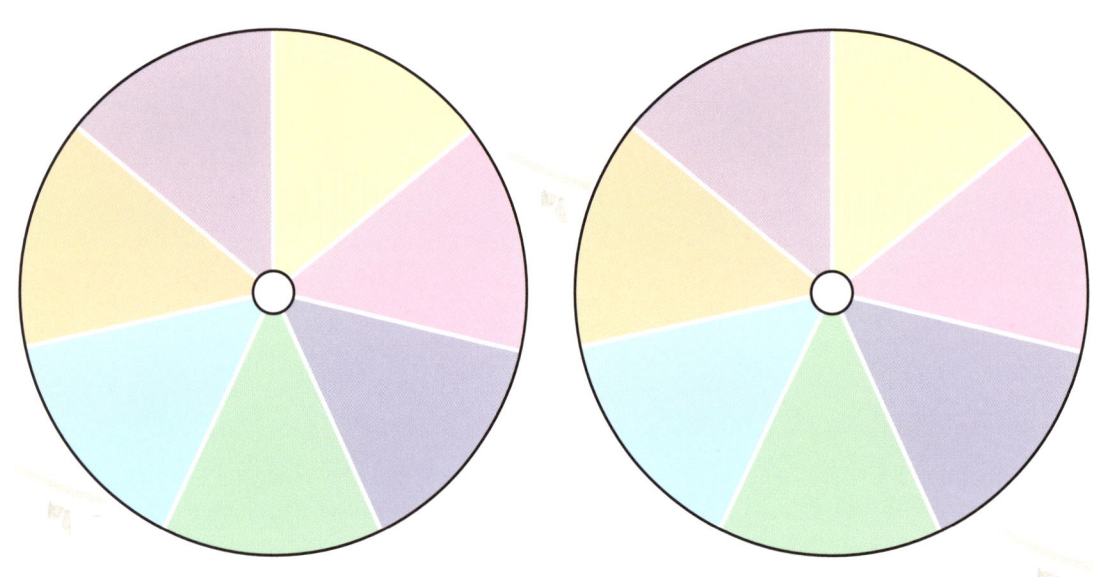

③ 현충일 관련 단어 알아보기

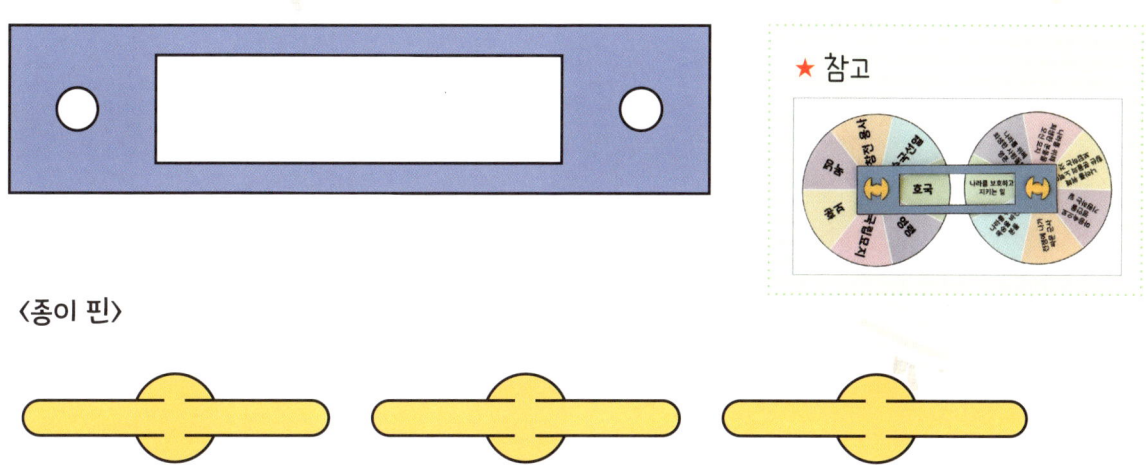

★ 참고

〈종이 핀〉

③ 대한민국을 지키기 위해 희생한 분들을 기억하며, 내가 할 수 있는 일은?
(빈칸에 나의 다짐을 써 보세요.)

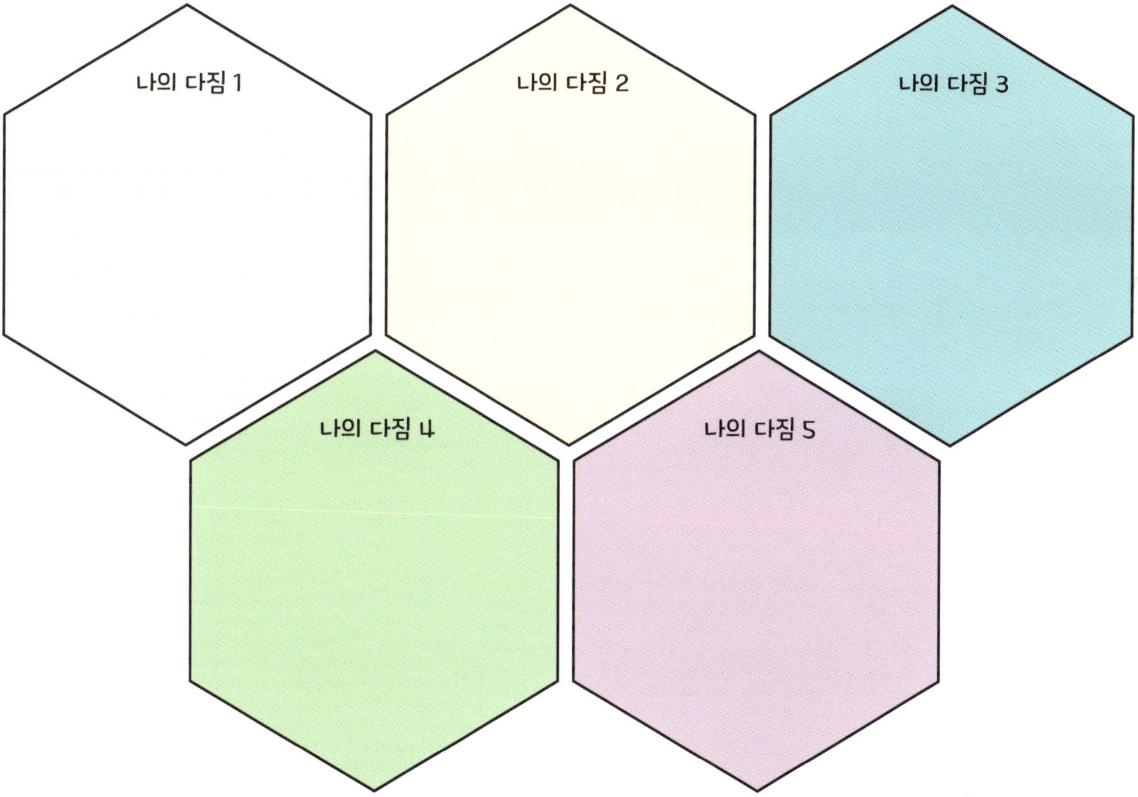

나의 다짐 1

나의 다짐 2

나의 다짐 3

나의 다짐 4

나의 다짐 5

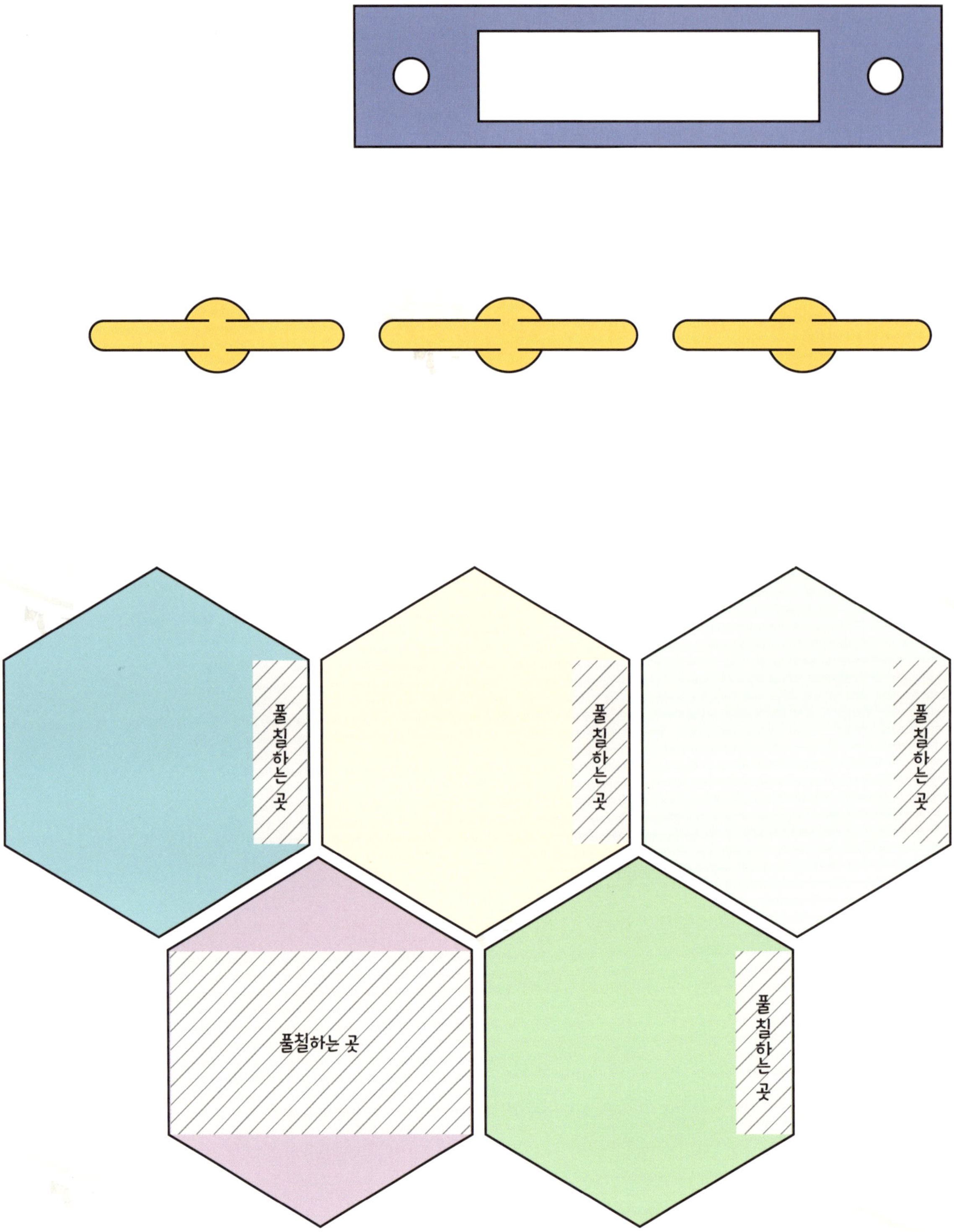

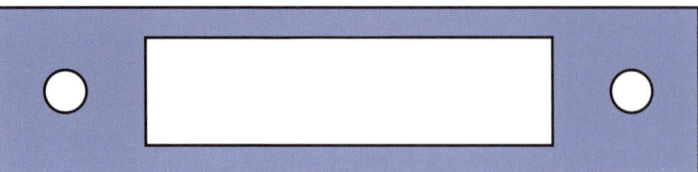

풀칠하는 곳
풀칠하는 곳
풀칠하는 곳
풀칠하는 곳
풀칠하는 곳

이 부분만 점선을 따라 접은 후 ▶
뒤로 넘겨 주세요.

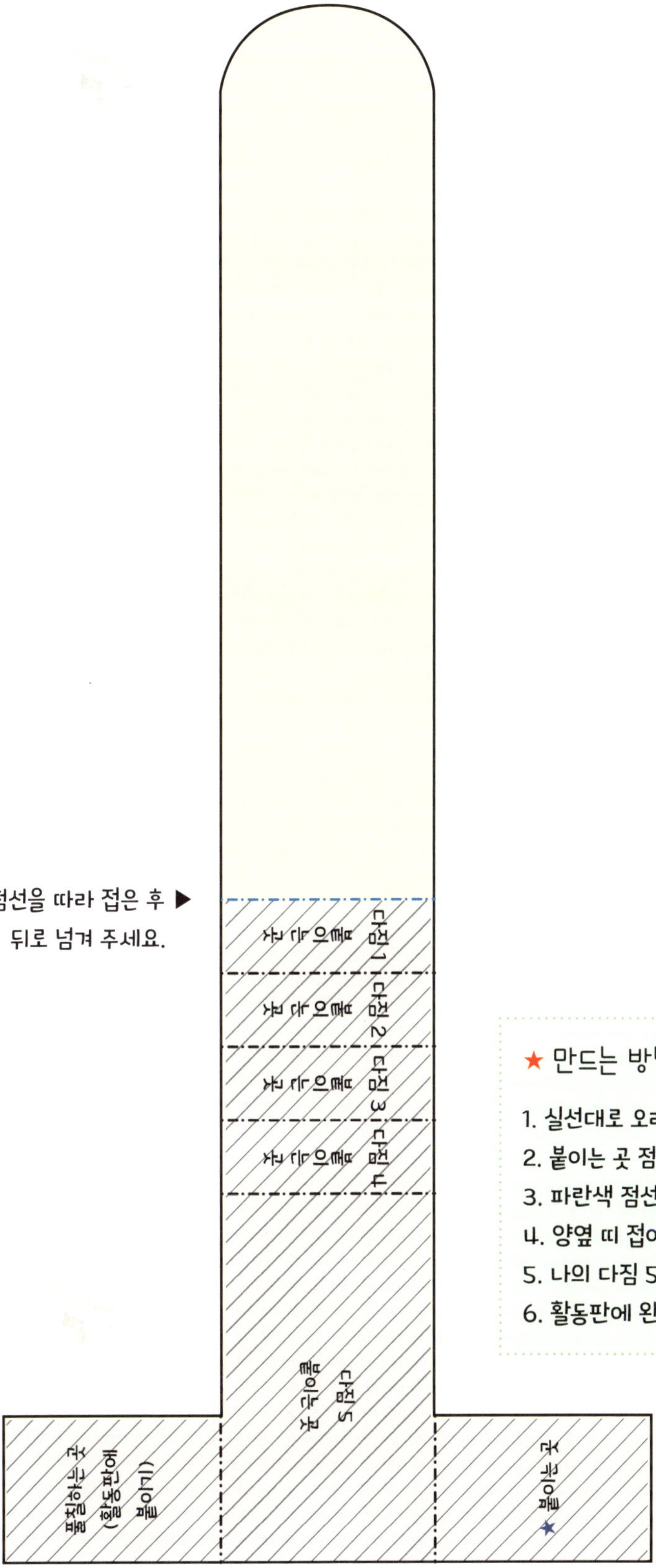

다짐 1. 붙이는 곳
다짐 2. 붙이는 곳
다짐 3. 붙이는 곳
다짐 4. 붙이는 곳

다짐 5. 붙이는 곳

풀칠하는 곳
(활동판에 테이프)

붙이는 곳

★ 만드는 방법

1. 실선대로 오리기
2. 붙이는 곳 점선대로 한 번씩 접었다 펴기
3. 파란색 점선 부분만 접어 넘기기
4. 양옆 띠 접어 붙이기
5. 나의 다짐 5~1의 순서로 붙이기
6. 활동판에 완성 자료 붙이기

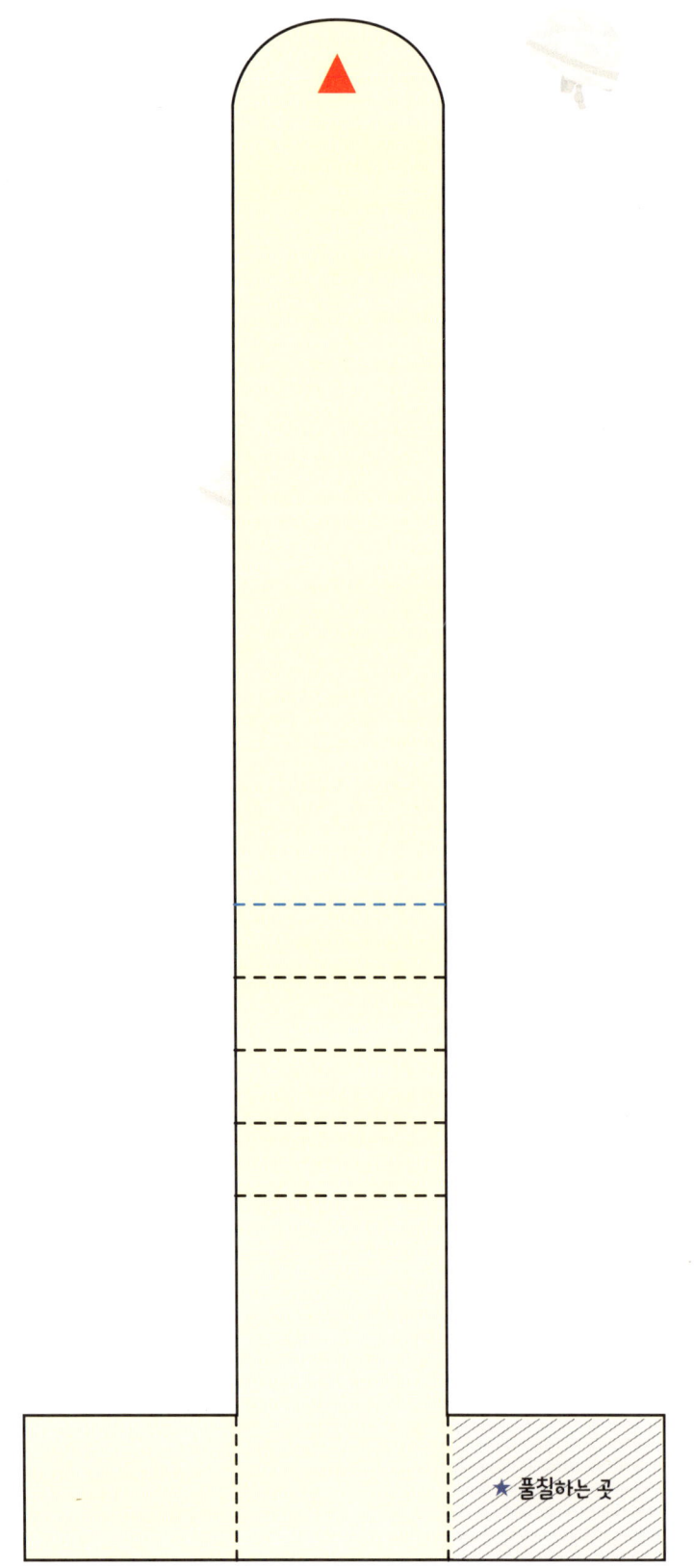